2020년 3월 19일, 한국에 계신 아빠와 전화를 끊고 그자리에 그대로 몇시간을 멍하니 앉아 있었습니다. 당시 한국의 코로나 상황은 걷잡을수 없이 나빠지고 있었고 그런 위험한 상황속에서 날마다 환자를 돌보시는, 이젠 어느덧 70세가 넘으신 아빠의 목소리에서, 피곤함을 넘어 말로는 표현 할 수 없을 어떤 슬픔까지도 저는 느낄수가 있었습니다. 아빠는 평생을 가족을 위해 (특히 하나뿐인 딸인 저를 위해) 정말 아빠의 모든것을 바치셨는데... 아빠가 이토록 지쳐 계셨때, 저는 고작 전화로 몇마디 위로의 말을 해드릴 뿐이라니...
또 그것마저 아빠는 그토록 고마워 하시다니...
어릴적엔 어른이 되면 쉽게 효도할 줄 알았는데, 이제와 생각해보니 어린시절 정성껏 써드린 그 편지가 효도였구나... 라는 생각에 무작정 펜을 들어 첫 문장을 썼고, 그렇게 이 책이 시작되었습니다.
'부모님의 시간은 나의 철듦을 기다려 주지 않는다'는 누군가의 말이 내마음을 울렸고, 난생처음 들어볼 너무나 힘없던 아빠의 목소리가 잊혀지지 않던 그날 밤,
딸의 눈으로 아빠의 삶을 차근차근 추억해보고 싶었습니다. 어린시절 나에게는 우주보다도 크게 느껴졌었던 아빠였는데 지금의 내 나이 보다도 한참이나 어렸던 아빠였다니, 정말 벅찬 큰끌이 아마도 한동안 가라앉지 않을것 같습니다.

우리집 가훈은
손해 보고 살자 입니다.

이수정 에세이

이타(利他)를 위해 평생 노력해오신

사랑하는 나의 아빠께 이 책을 바칩니다.

(아빠~너무너무 사랑해~!!)

차례

들어가며　　12

손해 보는 삶 : 내가 가진 능력을 올바르게 나누는 것　　21

손해 보는 삶 : 결국 실천이 중요하다　　35

손해 보는 삶 : 나도 잘 살고 너도 잘 사는 것　　53

손해 보는 삶 : 나중을 위해 덕을 쌓는 것　　63

손해 보는 삶 : 작은 것부터 시작하자　　69

로봇이 유일하게 할 수 없는 것 : 손해 보기　　77

먼 훗날 내 아이가 기억할 내 모습　　89

적어도 하루에 한 번 생활 속에서 불편해지기　　101

적어도 하루에 한 번 스스로 칭찬해주기　　111

당장 가능한 것부터 실천하기　　123

손해 보는 건 손해 보는 게 아니다　　135

손해 보는 씨앗을 심는 농부가 되고 싶다　　145

들어가며

'손해 보고 살자!'
이 말은 제가 어릴 적부터 우리 집의 가훈이었습니다.

우리 가족은 특별한 일이 없으면 늘 아침 식사를 함께했습니다. 아빠는 언제나 식사를 가장 먼저 마치시고 큰 소리로 "자~~~알 먹었습니다!!" 하신 다음 "자~ 오늘도 손해 보는 하루 보내라!!!"고 외치셨습니다. 출근하시는 아빠의 뒷모습을 보며 그때는 그 말이 크게 와 닿지 않았습니다.

제 나이 마흔이 넘어 두 아이의 엄마가 되고 나서야 비로소 아빠의 말씀이 고개를 내밀었습니다. 아빠의 삶을 되짚어보니 많은 의미가 담겨져 있는 가르침이었습니다. 하지만 눈에 넣어도 안 아플 제 아이들에게 손해 보고 살라고 말하기는 여전히 어렵게만 느껴집니다. 저는 손해 보고 살아도 제 자식만큼은 손해 보고 살지 않기를 바라는 마음 때문이죠.

그러다 갑자기 궁금해졌습니다. 어떻게 아빠는 자식들에게 그토록 기쁜 목소리로 한결같이 손해 보고 살라고 말씀하셨던 거지? 부모라면 누구나 자식에게 가장 좋은걸 주고 싶을 텐데, 아빠는 어떤 마음으로 우리들이 손해 보고 살기를 원하셨던 거지? 도대체 아빠에게 '손해 보고 산다'라는 건 정확히 어떤 의미이기에 그것이 최고의 삶이라고 확신하셨던 거지?

이 글은 저의 궁금증을 채워 나가는 여정이라고 할 수 있습니다. 그 여정은 아빠의 삶을 지켜봐 온 딸로서 자신의 삶을 되돌아보고 반성하는 자성의 회초리를 들기 위한 것이죠. 그리고 앞으로의 제 삶에 나침반으로 삼기 위한 것입니다.

다만 한 가지 작은 소망이 있다면, 독자들도 제 마음에 공감하시고 '손해 보는 삶'에서 '행복'이라는 선물을 얻어보시기 바라는 마음입니다.

2021년 늦가을
이수정

"착한 일을 했을 때는
비록 그 이로움이 겉으로 당장 드러나지는 않지만,
수풀 속의 동과처럼 모르는 사이에
자연스럽게 뻗어 나온다.

나쁜 일을 저질렀을 때는
비록 그 해로움이 겉으로 당장 보이지는 않지만,
뜰 앞의 봄눈처럼 깨닫지 못하는 사이에
녹아 버린다."

"덜어 버릴 줄 모르고
오히려 더하는 데 힘쓰는 자는
참으로 자신의 인생을 속박하는 사람이다."

-『채근담』-

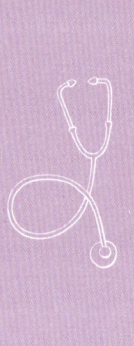

손해 보는 삶 : 내가 가진 능력을 올바르게 나누는 것

 '손해 본다'는 의미에 대해 나름 깊이 고민해 보았습니다. 생각하면 할수록 '손해'에는 참 많은 의미가 담겨 있었습니다. 가장 먼저 떠오르는 건 '착하게 사는 삶의 구체적인 예시'였습니다.

부모들은 아이들에게 착하게 살아야 한다고 가르칩니다. 그렇지만 '착하게 살라'는 말은 아이들이 느끼기에 너무 불명확하고 광범위합니다. 그렇다면 '손해 보라'는 말은 어떨까요? 저에게는 이 말이 '착함'이 무엇인지 구체적으로 알려주는 예시로 느껴집니다.

아이가 친구와 함께 마트에 갔을 때, 둘 다 똑같은 과자를 먹고 싶은데 판매대에 그 과자가 딱 하나만 남아 있다고 상상해 봅시다. 이럴 때 '착하게 살라'는 말과 '손해 보라'는 말 중 어떤 게 아이의 선택에 더 도움이 될까요? 저는 '손해 보라'는 말일 것 같습니다.

아이 입장에서 먹고 싶은 마음을 채울 수 없어 당장은 손해 본다는 생각이 들겠지만, 조금 더 멀리 보면 오히려 더 넓은 시야를 갖게 되는 길이기도 합니다. 반드시 남은 과자를 쟁취해야만 한다는 한 가지 선택지에서 벗어난다면, 친구에게 양보하고 다른 마트에 가 보거나 다른 종류의 과자를 먹는 등 여러 선택지가 있을 것입니다.

여러 선택지가 있을 때는 한 가지에만 매달리지 않

고 기꺼이 "그래, 네가 이거 먹어"라고 말할 수 있겠죠? 경쟁하지 않아도 되니까요. 물론 아이가 처음부터 이렇게 말하기란 쉽지 않을 거예요. 하지만 모든 낯선 습관들이 그렇듯이 손해 보는 것도 꾸준한 연습이 필요하다는 걸 새삼 느낍니다. 그래서 예전에 아빠는 매일 아침 그렇게나 한결같이 '손해 보고 살라'고 말씀하셨나 봅니다.

과자를 양보할 줄 아는 그 아이는 자라나 주변 친구들을 진심으로 배려해주는 청소년이 될 것입니다. 작은 과자일 뿐이지만 그런 경험들이 쌓인다면, 1등이 되지 않아도 손해 보는 게 아니라는 생각을 하게 되기 때문이죠. 그리고 치열한 경쟁 속에서 조금이나마 여유를 갖고 자라난 그 청소년은 분명 다른 사람들의 입장을 헤아리고 이해하는 어른으로 성장할 것입니다.

이렇게 생각하고 나니 아빠가 말씀하신 '손해 보는

삶'의 윤곽이 어느 정도 공감이 됩니다. 하지만 여전히 의구심이 많은 저는 먼저 아빠의 삶을 살짝 회상하며 손해 보는 삶 속에 더 깊이 들어가 보려고 합니다. 그리고 손해 보라는 말을 제 아이들에게 어떻게 전해줄지 고민해 보려고 합니다.

타임머신을 타고 1967년으로 날아가 보겠습니다.

아직 학생 같기도 하고 어른 같기도 한 만 열아홉 살 청년 한 명이 있습니다. 그곳은 고려대학교 의과대학 강의실입니다. 청년은 여러 친구들과 이야기하느라 바빠 보입니다. 그토록 원하던 학교에 합격한 청년. 그런데 숨 고를 틈도 없이 무얼 하고 있는 걸까요?

그 청년은 마음 맞는 친구들을 찾느라 바쁩니다. 자유로운 대학 생활에 대한 기대감보다는 또 다른 꿈에 더 큰 기대를 하고 있기 때문입니다.

그 청년이 누구인지 짐작되시나요? 바로 제 아빠입니다.

아빠는 직접 구름 '운(雲)'에 불 '화(火)', 즉 구름에 가려진 불이라고 이름을 지으시고 '운화회(雲火會)'를 만드셨습니다. 아빠가 친구들을 모아 함께 만드신 운화회는 쉽게 말해 봉사 동아리입니다. 그 시절에는 공부를 하고 싶어도 가정 형편이 어려워 학교를 포기해야만 하는 청소년들이 많았는데, 특히 종로경찰서 관내에는 구두를 닦거나 신문, 껌 등을 팔아 생계를 유지하는 소외계층 청소년들이 많았다고 합니다.

이를 안타깝게 여긴 당시 종로경찰서 서장님(원용구 총경)께서 청소년 선도 차원에서 중학교 과정의 야학을 만들려고 하셨습니다. 그런데 야학을 운영해줄 교사가 필요했죠. 그래서 인근에 있는 고려대학교에 도움을 청하게 되었고, 이에 학교 측은 아빠에게 운화회가 야학을 맡아 운영해보면 어떨지 의사를 타진 해왔다고 합니다.

아빠는 모든 회원들과 논의 끝에 동아리의 목적과 일치한다며 만장일치로 합의했고, 이렇게 해서 드디어 1969년 10월 운화회 부속기관으로 종로직업소년학교가 탄생하게 되었답니다. 아빠를 비롯한 운화회 회원들은 낮에는 공부하는 학생으로, 저녁에는 아이들을 가르치는 교사로, 그리고 방학이 되면 농촌과 섬 마을을 찾아다니며 농촌 일손 돕기와 의료 봉사로 눈코 뜰 새 없이 바쁜 대학 시절을 보냈다고 합니다.

그렇게 아빠가 직접 만드셨던 운화회는 50년이 지난 지금까지 고려대학교의 많은 학생들에게 인기 있는 동아리로 남아 여전히 활발하게 활동하고 있습니다.

대학 새내기였던 아빠가 의학 공부만으로도 벅찼을 그때, 오랜 시간 공부해 꿈에 그리던 의대에 입학했기에 이제는 조금 놀고 싶었을 그때, 누군가는 이 시기를 내 시간으로 채우는 것만으로도 벅차다고 여겼을 테지요. 그들은 아빠를 보며 손해 보는 일을 굳이 사서 한다고 여겼을지도 모릅니다. 그럼에도 아빠는 손해라는 생각을 제쳐두시고 당신이 가진 능력을 기꺼이 나누기 원하셨던 것이죠.

손해를 본다는 건 단순히 내 것을 희생하고 잃어버리는 게 아니라 오히려 덕을 쌓아가는 일인가 봅니다. 요즘 말로 하자면 클라우드에 파일을 저장 해놓듯, 당장은 눈에 보이지 않고, 매번 확인해 볼 수 없으니, 어디에 있는 건지 또 내 것 이긴 한 건지 실감나지 않을 수도 있지만, 이것은 결국 나의 덕이 차곡차곡 쌓여가는, 아주 기분좋은 일이 아닐까요?

이렇듯 아빠는, 당장의 편안함과 이득보다 언젠가

울창하게 우거질 숲을 기대하시며 그 어린 학생들에게 작은 씨앗들을 심으셨던 겁니다. 그리고 50년이 지난 지금 그 씨앗들은 싹을 틔우고 자라서 멋진 아름드리 나무 숲이 되었습니다. 그리고 그 나무들은 또 다시 열매를 맺고 씨앗을 날려 싹을 틔울 것입니다.

2017년 발간된 운화회 50주년 기념 책자에 실린 종로직업소년학교 졸업생의 글을 통해 그 씨앗들이 얼마나 멋진 나무가 되었는지 보여드릴게요!

운화 50주년을 축하하며

이종석

(종로직업소년학교 4기 졸업생)

운화회의 스승님들...

50여년의 세월이 지났는데도 생생하게 그때 그 시절이 주마등처럼 스쳐 지나갑니다.

가난한 어린 시절, 먹을 것이 없어 누군가가 먹고 남은 떡국 찌꺼기를 쓰레기 속에 버린 것을, 배고픈 어린 나이의 저는 쓰레기를 헤쳐서 떡국떡 한 개 한 개를 찾아내어, 더럽다는 생각보다는 먹을 수 있는 것을 찾아낸 기쁨으로 물에 씻어서 맛있게 먹던 일, 가장인 아버지께서 돈 벌어 온다고 나가신 후 소식이 끊기자 하루하루 끼니를 막걸리 공장의 막걸리 만들고 남은 술지게미를 구걸하여, 신화당이라는 화학당분과 함께 솥에 물을 많이 넣고 끓여서 먹던 일의 가난한 환경.

초등학교 3학년 나이에 돈을 벌어야 했습니다. "1원에 2개"라고 소리치며 아이스케키를 팔았습니다. 무거운 아이스케키 통을 끌고 다니며 그 수익금으로 가족들의 식량을 책임졌기에 아이스케키를 팔아 작은 쌀 한 봉지와 연탄 한 장을 사들고 집에 돌아가는 아이가 저 자신이었다는 사실이 세월이 지난 지금에 와서 믿어지지 않습니다.

초등학교 시절이 지나 중학교 갈 나이에 가정형편이 어려워 신문을 팔아 하루하루 살아야 되는 소년가장인 저 자신의 삶은 너무 힘겨운 삶이었지요. 비가 오면 우산을 팔고, 구두를 닦고 신문을 팔면서 한 가지 소원은 잘 사는 친구들처럼 중학교 교복을 입고 학교에 가는 것이었습니다.

그런 암울한 형편의 곤고한 삶 속에 신은 저에게 큰

행운을 주었죠. 어느 날 종로경찰서에서 지원하는 야학을 알게 되었습니다. 그곳이 바로 종로직업소년학교로, 고려대 운화회 선생님들을 만나게 되었죠. 낮에는 신문을 팔고 구두를 닦고, 밤에는 재동국민학교의 교실을 빌려 저와 같은 형편의 친구들과 함께 열심히 공부했습니다. 낮에 일하느라 밤에는 몹시 피곤했지만, 헌신적인 선생님들의 따뜻한 사랑과 배움의 시간들은 저 자신에게 꿈과 소망을 주었습니다.

사실 1년 과정의 중등 과정을 1기 후반부터 5기까지 약 5년을 다녔습니다. 생활고로 저녁에도 경제활동을 해야 하는 여건이었기에 매 기수마다 졸업을 못하고 겨우 4기까지 와서 온전히 졸업을 했습니다. 그래도 종직(종로직업소년학교)에 가면 운화회 선생님들이 좋았고, 같은 또래의 친구들과 후배들이 좋아 거의 6기까지 학교에 갔던 기억들이 잊히지 않습니다.

그 후 중학교 과정의 검정고시를 패스하고 대입 검정고시에 합격하면서 저의 인생은 어두운 터널에서 빠

져나왔죠.

대학 등록금이 엄두가 나지 않아 대학 입학시험을 포기하고 군 입대를 한 후 전역 후에 사회에서 미친 듯이 일을 했습니다.

세월이 지난 지금 저는 아주 큰 기업은 아니지만 30년째 문구와 스폰지 제조업을 하고 있습니다. 정말 어여쁜 아내와 얼마 전 출가한 딸, 그리고 멋진 29세의 아들이 신학대학원에 재학 중이며, 종교생활을 열심히 하면서 큰 교회의 장로로서 직임을 감당하는 성공적인 삶을 살고 있습니다.

운화회 선생님들은 젊은 날 개인적으로 귀한 시간들을 불우한 청소년들을 위해 헌신하셨죠. 그 결과 세월이 지난 우리 종직 동문들은 명문대를 나와 IT 기업 대표, 은행 지점장, 경찰 중견 간부, 탄탄한 중소기업 대표, 회계사, 변호사협회 임원, 대학원 졸업생 등으로 성공을 했습니다. 또한 그렇지 않더라도 사회에서

굴하지 않고 힘 있게 오늘을 사는 종직 졸업생들....
스승님들의 밑거름이 아니었다면 결코 있을 수 없는 일들입니다.

운화회는 세상의 어느 단체보다 귀하고 값진 보물과도 같은 대학 동아리입니다. 이 자리를 빌어 다시 한 번 스승님들께 감사드리고, 받은 은혜 잊지 않고 앞으로도 더욱 열심히 나라와 사회에 기여하고 어두운 그늘에 있는 가난한 이웃을 위해 사랑을 실천하겠습니다.

운화회 50주년! 지치지 않고 지금까지 존재하는 대한민국 역사상 참으로 자랑스러운 대학 동아리입니다. 크게 박수치며 선생님들께 다시 한 번 허리 굽혀 큰 감사를 드립니다.

운화회 선생님들, 존경하고 사랑합니다!!

손해 보는 삶 : 손해 보는 삶, 결국 실천이 중요하다

운화회를 통해 기꺼이 손해 보던 그 청년이 스물아홉 살이 되던 때, 한 여자를 만나 결혼하게 됩니다. 그 분이 미래에 제 엄마가 되시는 분이죠. 두 분은 가정을 꾸리고 개업을 고민하셨습니다. 고려대 출신으로 세브란스병원에서 인턴과 레지던트 생활을 하셨던 특이한 이력의 아빠는 개업도 사람들이 상상하지 못하던 곳에서 하고 싶어 하셨습니다. 당시 양가 부모님께서 생각해 두신 서울의 좋은 자리를 마다하고 지방으로 내려가기를 원하셨던 것입니다.

아빠가 고르신 곳은 당시 의료 환경이 너무도 열악했던 작은 시골 마을이었습니다. 양가 부모님께서 정말 심한 반대를 하셨지만, 그때 아빠의 고집을 꺾을 수 있는 사람은 아무도 없었다고 합니다. 아빠는 양가 부모님을 설득하셨죠.

"모든 좋은 의사들이 서울에만 개업을 한다면, 멀리 지방에 사는 사람들은 누가 돌보겠습니까? 이미 서울에는 좋은 병원이 많으니 저는 의료시설이 현저히 부족한 시골의 작은 마을에서 개업할 겁니다."

결국 아빠는 이런 포부를 가지고 당시 충남 온양의 둔포라는 작은 마을(현재는 아산시 둔포)에 개업을 강행하셨습니다. 오빠와 저는 어렸기에 엄마와 함께 서울에 남겨 두시고 그렇게 아빠 홀로 둔포로 향하셨죠.

이 부분에서는 우리 아빠지만 슈바이처 박사님처

럼 훌륭하다는 생각이 듭니다. 청년 시절에 슈바이처 박사님은 당시 유럽에서 전도유망한 신학자이자 목회자였고 음악가였습니다. 그러던 어느 날 이런 생각이 드셨다고 합니다. 주위의 많은 사람들이 고통과 근심에 시달리고 있는데 나만 행복한 생활을 한다는 것을 받아들이기가 힘들다고요.

박사님은 마침내 서른 살까지는 학문과 예술을 위해 살고, 그 이후부터는 인류에 직접 봉사하기로 마음을 정했습니다. 또한 순수한 인류 봉사의 계획을 적도 아프리카에서 실현하기로 결심하고 뒤늦게 의학 공부를 시작하셨죠. 봉사 활동의 길이 자신을 어디로 인도하든 의학 지식이야말로 이러한 의도를 가장 훌륭하게, 그리고 가장 포괄적으로 실현시켜줄 것이라고 생각하셨던 겁니다.

박사님은 노년에 집필한 『나의 생애와 사상』에서 이렇게 회고하셨습니다.

"나는 나에게 주어진 행복을 당연한 것으로 받아들일 것이 아니라, 여기에 대해 나도 무엇인가 베풀어야만 되겠다는 생각이 들었다."

아빠가 개업 후 처음 그곳에서 몇 년간 겪은 스토리에는 영화보다 더 영화 같은 코끝 찡한 감동이 담겨 있었습니다.

서울에서 태어나 서울에서만 사시던 엄마는, 그당시 어렸던 저희들과 낯선곳 에서의 생활이 두려우시다며 아빠를 따라 내려가지 않으셨고, 그래서 아빠는 혼자 몇 년간을 병원에서 홀로 숙식을 해결 하시며 환자를 돌보셨습니다.

지금과 달리 그 당시에는 의과대학이 많지 않았습니다. 1년에 배출되는 의사 수가 800명 정도이다 보니 시골에는 산부인과가 없었습니다. 아빠는 산부인과 의사는 아니었지만 애기까지 받아야 했고,

거동이 불편하신 어른들을 위해 자전거를 타고 왕진을 다니셨습니다.

또 어느 추운 겨울 밤, 잠을 자는데 누군가 병원 문을 두드려 나가 보니, 한 남성이 "아버님이 많이 편찮으세요." 하며 울상을 짓고 있었고, 결국 아빠는 그 남성을 따라 왕진을 갔습니다. 논밭 사이를 30분쯤 걸어 환자가 있는 집에 도착해 진료를 잘 마쳤지만 아빠 혼자 병원으로 돌아와야 했습니다.

시골길이 익숙하지 않았던 30대 초반의 아빠에겐 돌아오는 그 길이 춥기도 하고 무섭기도 하고… 또 그 길이 그 길 같아 한참을 헤매셨다고 합니다.

그래서 그 일을 겪은 후 아빠는 꾀를 내어 밤에 왕진 갔다 돌아올 때는 병원에 가서 약을 지어 가야 한다고 말하고는 꼭 보호자를 앞장세워 병원으로 돌아오셨다고 하세요.

그 당시 서울에서 오신 젊은 의사선생님 이셨던 아빠는 특히 할머니 환자들한테 인기가 많으셔서 매일 아침이면 병원은 할머니 환자로 넘쳐났답니다.정말 병이 나서 오신 분도 있었지만 대부분은 너무 외로워서, 누군가의 관심을 받고 위로를 받고 싶어서였던 것이죠.

아빠는 참으로 마음이 따뜻한 분이세요. 그러기에 그런 할머니들의 마음을 다 헤아릴 수 있었고, 의사라기보다는 가족 같은 마음으로 그 분들의 마음 까지도 치료해 주셨습니다. 아마 그 분들도 그런 아빠의 마음을 다 아셨던 것 같아요. 봄이면 산나물을 캐다 주시고, 여름에는 옥수수를 쪄다 주시고, 가을이 되면 산에서 알밤을 주워다 주시고…. 어쩌다 서울에서 자식들이 왔다 가면 할머니의 목소리에 힘이 생기며 "원장님, 이거 서양 과자래, 맛있어" 하시며 신문지에 둘둘 만 과자를 가지고 오셨다고 하네요.

아빠는 술을 좋아하시는데 유독 소주만을 고집하십니다. 집에 여러 종류의 술들이 많이 있는데도 아빠는 이 세상에서 제일 맛있는 술이 소주라고 하십니다. 나중에 알게된 사실이지만 여기에도 사연이 숨어 있었답니다.

가끔 할머니들이 검정 비닐봉지에 무언가를 들고 진료실에 오셨던 것 이었죠.

그건 바로 소주에 참치 캔. 그러고는 조용히 속삭이셨답니다.

"원장님, 힘들지? 이거 한 잔 먹고 해!"
"아니에요."

진료 중에 술 마시면 안 된다고 여러번 거절을 해도 할머니들은 "이거 한 잔 먹어야 기운이 난다"며 굳이 한 잔 따라 주셨다고 하네요. 처음에는 할머니가

섭섭해 하실까 봐 한 잔 받아 먹었는데, 가끔 그렇게 한 잔씩 주시는 걸 먹다 보니 소주가 그렇게 맛있는 술인 줄 몰랐답니다.

오전 내내 진료를 하다 보면 목도 마르고, 또 약간 허기를 느낄 때 마셨던 소주 한 잔!! 아빠는 지금도 그 맛을 잊을 수가 없다고 하십니다.

날마다 아픈환자를 돌보심은 물론, 동네 초등학교에서 수업도 하시고, 주례를 부탁받으면 주례사에, 동네분들의 술친구요, 산부인과 의사는 아니셨지만 아이도 많이 받으시고...정말 말그대로 멀티플레이어셨던 우리아빠.

아빠가 직접 받으셨던 아이가 결혼을 해서 아기를 안고 진료를 왔었다며 뿌듯해 하시던 너무나 따뜻한 마음을 가진 우리아빠.
요즘 제가 즐겨보는 드라마 <갯마을 차차차>의 홍

반장과 똑같은 나이였던 35세의 아빠는, 이미 40년 전에 둔포의 이 반장으로 사셨던 것 같습니다.

작은 마을에서 환자들을 위해 고군분투하시던 아빠는 정작 딸의 초·중·고 졸업식에는 한 번도 오지 못하셨습니다. 다른 아이들을 돌보느라 딸과 함께 하는 시간을 손해 보신 것이죠. 주말에 함께 여행을 간 적도 없었습니다. 혹시라도 주말에 아프기라도 하면 병원을 찾아 멀리 큰도시로 나가야 했던 주민들의 어려움을 아시고 일주일 내내 진료를 보셨기 때문입니다. 그래서 여행은 늘 아빠없이 엄마와 다녔던 기억이 납니다.

아빠는 여기서 멈추지 않으시고 더욱 손해 보는 삶을 사셨습니다. 주변 공장에서 일하는 근로자들이 밤에 다치는 경우가 많다는 소식을 듣고는 오후 7시에 닫던 병원 문을 밤 9시까지 열어두셨죠. 아빠에게 온전히 쉬는 날은 없었습니다. 그러니 제 졸업식에도, 가족 여행에도 참석하실 수 없었던 거죠.

그래도 아빠와 보내는 시간이 없진 않았습니다. 아빠가 부족한 시간을 쪼개어 매주 토요일 저녁 식사는 꼭 가족과 함께 하셨거든요. 매주 토요일은 우리 가족이 정한 '가정의 날'이었습니다. 그래도 아빠는 어김없이 다음날 아침 8시까지 출근하셨죠. 주말을 온전히 만끽한 우리와 달리, 쉬는 날 없이 달리셨던 것입니다.

그런 삶을 40년넘게 해오셨음에도 아빠가 힘들다고 말씀하시는 것을 단 한번도 정말 단 한번도 들어본 적이 없습니다. 최근 들어 연세가 드시면서 이제는 힘에 부친다는 말은 하시지만…. ㅠㅠ 그래도 아빠는 여전히 병원에서 환자 보실 때가 가장 보람이 있고 행복하시다고 하십니다.

평생 일요일도 없이 좁은 진료실에서 환자를 돌보

신 아빠의 성실함은 손해 보는 삶의 표본 그 자체인 것 같습니다. 아빠는 지금까지도 아산 지역 주민들로부터 많은 존경은 물론, 경제적 안정과 명예까지 모두 얻으셨습니다.

의도하지는 않았지만 아빠가 본 손해의 시간들이 그렇게 돌아온 것 같습니다. 아빠가 젊은 시절에 시골의 작은 마을에 병원을 개업한다고 했을 때는 그 누구도 예상하지 못했던 멋진 결과죠.

손해 보며 살았지만 지나고 보니 손해가 아니었던 것입니다.

이런 인생을 사신 아빠이기에 자식들 에게도 손해 보며 살라고 말씀하실 수 있었나 봅니다. 하지만 저는 대학 새내기 시절, 친구들과 좋은 카페를 다니며 좋은 음식을 먹고 좋은 음악회에 가고 매년 방학엔 외국으로 음악 캠프를 다녔습니다. 이렇게 아빠와는 정반대의 삶을 산 저라서 어려운가 봅니다. 제 아이들에게 손해 보며 살라고 말하는 게… 그토록 힘이 드나 봅니다.

문득 이런 마음이 들었습니다.

'시간이 흘러도 손해 보고 산 삶을 후회하지 않는다면, 용기 내서 내 아이들에게도 전할 수 있지 않을까?'

그래서 최근 아빠와 식사하는 자리에서 그런 마음을 담아 질문을 드렸습니다.

"아빠, 평생을 그렇게 손해 보고 산 거 후회 안 하세요? 난 내 아이들한테 그렇게 말하기 솔직히 어렵던데…"

아빠는 망설이지 않고 대답하셨습니다.

"그게 이기는 거다 수정아, 사람은 덕을 쌓아야해."

아빠는 손해 보는 일이 얻는 것이고 덕을 쌓는 행동이라고 말씀하셨습니다. 나 혼자만 잘 살려고 하지 않고 손해 봄으로써 다른 사람들을 풍요롭게 해주는 것. 아빠는 그렇게 덕을 쌓으면 그것이 결국 자식 세대에는 축복이 될 것이라고 굳게 믿고 계셨습니다. 식사를 마치고 나서도 그 날 아빠의 말씀이 마음에 새겨져 남았습니다.

"그래도 아빠보단 네가 조금 더 잘 살았던 것 같구나. 내가 네 나이에 시간이 없이 너무나 바빠서 잘 다니지 못했던 여행을 너희는 시간을 만들어 국내 여행이든 해외여행이든 잘 다니는 걸 보면…. 어쨌든 나보다는 너희가 조금 더 즐기며 잘 사는 것 같고, 내가 못했던 걸 내 자식이 하나라도 더 할 수 있다면 그게 잘 되는 집안인 거다. 네가 손해 보고 살아서 너희 아이들이 조금 더 잘 살 수 있다면 그것만큼 감사한 일이 또 어디있겠니."

그제야 알았습니다. 아빠는 타인을 위하며 살려는 의지도 있으셨지만 자식들을 생각해 손해 보며 사셨던 것입니다. 자녀 세대에 덕을 쌓는 마음이라면, 그리고 실제로 아빠의 그 간절한 마음이 저의 세대에서 빛을 발하고 있다면, 저도 제 아이들에게 그렇게 가르쳐 보자고 용기를 낼 수 있을 것 같습니다.

이 용기는 최근에 있었던 사건으로 더욱 커졌습니다. 얼마 전, 아빠처럼 손해 보는 삶을 살고 있는 분들 덕분에 도움을 받은 적이 있었죠. 때는 저녁 준비를 하던 금요일 6시였습니다. 요리하던 중 손을 크게 베이는 바람에 얼른 병원에 가서 꿰매야 하는 상황이었습니다.

지혈을 하며 스마트폰으로 인근 외과를 힘겹게 찾았지만 다섯 군데 모두 수술하는 곳이 아니었습니다. 대학 병원에 가려고 했으나 더 위급한 환자들이 많아 바로 꿰매줄 것 같지 않았습니다. 그러다가 간신히 수술하는 동네외과 한 군데를 찾아 치료를 받을 수 있었습니다.

치료가 끝난 후, 이틀 뒤에 소독하러 다시 오라는 안내를 받았습니다. 그곳은 일요일에도 오전 8~10시에 잠깐 문을 여는 외과였기에 이틀 뒤에도 방문할 수 있었죠. 이때까지만 해도 별 생각이 없었습니다. 하지만 다친 곳이 너무 아려서 밤새 잠을 잘 수 없게 되자, 일요일 오전에 2시간이라도 문을 열어주는 병원이 근처에 있음이 너무도 감사했습니다. 다치지 않았다면 못 느꼈을 기분이었죠.

'이 작은 상처에도 이렇게 아픈데, 크게 다쳤을때 주말이라 주변에 치료받을 병원이 없어서 큰 상처를 싸매고 발을 동동 구르는 사람들은 얼마나 더 괴로울까.'

갑자기 아빠 얼굴이 떠올랐습니다. 일요일 이었던 다음날 병원에 가서 진통제 주사를 맞을 수 있다는 사실이 큰 위안이 되던 그 날 밤, 아빠가 주말도 없이 환자를 돌보시며 모든 이들에게 건넸던 도움의 손길이 저한테 되돌아왔다는 생각이 들었습니다. 베푸는 사람이 있으면 도움을 받는 사람이 있기 마련이죠. 내가 조금 손해 보더라도 아이들을 위하는 마음으로 이제는 좀 더 용기를 내볼 수 있을 것 같습니다. 그리고 아이들에게도 손해 보라고 말할 수 있을 것 같습니다.

손해 보는 삶 : 나도 잘 살고 너도 잘 사는 것

2014년부터 2021년 6월까지 만7년 간 저는 두 아이를 키우며 미국, 뉴욕에 살았습니다. 그 때의 일입니다. 어느 날 초등학교 3학년 아들이 학교에서 돌아와 이야기를 하는데, 친구와 좋지 않은 일이 있었나 봅니다. 요 또래 남자아이들이 다 그렇듯 둘 다 똑같이 잘못했을 거라고 속으로는 생각했지만, 제 입에서 나온 말은 전혀 달랐습니다.

"다음부턴 그렇게 당하고만 있지 마!"

"누가 먼저 때리면 너도 때려!! 누가 밀면 너도 밀고!!"
"그리고 네가 잘못한 것도 아닌데 왜 네가 먼저 사과를 해?? 잘못한 사람이 사과를 해야지!!"

이렇게 흥분해서 이야기하던 나. 그 순간 아이와 눈이 마주치자 저도 모르게 웃음이 터졌습니다. 그리고는 바로 손해 보며 살라는 아빠 말씀이 떠올랐습니다. 아무래도 이곳에서 이방인으로 살아가는 우리들이기에 조금 더 욱하기도 했겠지만, 어쩌면 이런 게 솔직한 부모의 마음이 아닐까 생각합니다.

"네가 참지 그랬니… 친구가 널 먼저 때려도 넌 절대 때리면 안 돼."

"네가 잘못한 게 아니어도 미안하다고 먼저 사과하는 건 좋은 거란다."

이렇게 말할 수 있는 부모가 실제로 몇이나 될까요? 입 밖으로 꺼내기 정말 쉽지 않은 말인 것은 분명합니다. 어떤 부모가 훌륭한지 아닌지, 어떻게 사는 삶이 훌륭한지 아닌지 정답은 없습니다. 하지만 이제 의식적으로라도 제 아이들에게 "손해 보고 살아라" 하고 말해주려 합니다. 이 세상에서 살아가는 한, 손해 보는 것을 아예 피해갈 수는 없겠죠. 그렇다면 어떻게 마주하는지 알려주는 것도 좋은 방법이 아닐까 싶습니다.

손해 보는 삶을 마주하기 위해서는 우선, 손해를 무조건 피해갈 수 없다는 것과 이 세상이 모두 함께 살아가는 곳이라는 사실을 기억해야 할 것 같습니다. 마침, 아빠 못지않게 손해 보며 사셨던 엄마가 자주 하셨던 말이 떠오릅니다.

"수정아, 손해 보는 건 나쁜 게 아니야. 이 세상은 함께 사는 세상이잖아."

나이를 먹을수록 엄마가 하신 말씀이 무슨 의미인지 느껴집니다. 그럼에도 막상 선택의 순간이 오면 인내를 택하며 손해 보기가 참 쉽지 않습니다. 아이들에게 가르칠 수 있으려면 먼저 실천해야 하는데, 여전히 가볍지 않은 일로 느껴집니다.

부모가 된다는 것이 그래서 참 쉽지 않은가 봅니다. 내 이익과 입장을 우선하는 게 어쩌면 모든 사람의 마음 깊숙한 곳에 은밀히 품고 있는 본성인지도 모르겠습니다. 그것과 반하는 행동을 하려니 낯설고 쉽지 않게 느껴지는 거죠. 잘 입지 않던 옷을 입었을 때 거울 속의 내 모습이 어색한 것처럼 말입니다.

그렇지만 차분히 더 생각해 보니 우리가 사는 세상은 엄마의 말씀처럼 모두 함께 사는 세상이었습니다. 그런 세상이기에 어색한 옷이더라도 자주 입어 익숙하게 만들 필요가 있을 것 같습니다. 만일 모든 어른들이 아이들에게 "네 입장이 제일 중요해. 눈에는 눈, 이에는 이로 살아야 해"라고 가르친다면 이 세상은 대체 어떻게 될까요? 늘 내가 이기고 나만을 위하는 세상이 정말 아름다울까요? 우리가 그곳에서 행복할 수 있을지 저는 잘 모르겠습니다.

자본주의 세상 속에 살고 있는 우리는 어떠한 일을 할 때 자기에게 이익이 될지 아닐지 부터 계산합니다. 그런 사람들을 가리켜 경제적 인간(Homo Economicus)이라고 하죠.

그리고 경제적 인간이 가장 두려워하는 것은 바로 손해입니다. 그리고 현대인들이 심각한 스트레스와 우울증에 시달리는 가장 큰 이유는 손해 보지 않기 위해 끊임없이 머릿속으로 계산하기 때문입니다.

이런 사회의 인간관계의 가장 큰 특징은 경쟁이라고 할 수 있답니다. 모든 사람이 더 많은 것을 소유

하고 싶어 하고, 그로 인해 경쟁심이 생기는 것이죠. 결국 이익에 대한 집착과 손해를 부정하는 오기가 경쟁을 촉발하고 있습니다. 이익을 창출하려면 결코 손해를 봐서는 안 됩니다. 그리고 손해를 보지 않으려면 다른 사람을 이겨내야 하기 때문에 주변 사람들을 모두 경쟁상대로 여기게 됩니다.

저를 포함한 많은 사람들 역시 자기 입장을 먼저 내세우는 이유는, 삶을 이기고 지는 게임이라고 여기기 때문이 않을까 싶습니다. 제가 아이에게 참으라고 말하기 어려웠던 이유도 참는 것이 지는 일이라고 생각해서 그랬던 것 같습니다. 경쟁 사회에서 살다 보니, 어느 순간 아이들 사이에서 일어날 수 있는 일들도 경쟁이라는 카테고리 속에 넣어 판단하고 있었습니다. 그래서 당한 것을 똑같이 갚아주고 고개 숙이지 말라는 말이 먼저 튀어나올 수밖에 없었던 것이죠.

모든 것을 경쟁으로 여기고 그 결과를 승패로 구분하는 우리 사회를 보면 살아남기 위해 먹고 먹히는 자연 생태계가 떠오릅니다. 자연은 그럴지 몰라도 사실 우리 인간은 자연을 다스리는 존재들입니다. 그렇기 때문에 자연의 모습처럼 먹이사슬에 굳이 스스로를 던질 필요가 없지 않을까요? 자연 속의 동물들은 약하면 뒤처지지만, 우리 인간은 약하든 강하든 모두 함께 더불어 살 수 있는, 힘과 지성이 있으니까요.

그래서 엄마도 아빠도 '손해'를 강조하셨나 봅니다. 두 분이 자주 말씀하셨던 '손해를 보라'는 말 속에는 아마도 상대방이 도전하는 '감정 경쟁'의 자리에 뛰어들지 말라는 의미도 포함되었던 것 같습니다. 누군가 걸어오는 모든 경쟁에 일일이 참여하지 않는 여유. 이 말을 다르게 표현한다면 결국 손해 보라는 말일 것입니다.

제 아이들이 앞으로 살아가며 마주하게 될 경쟁의 종류는 참 다양할 것입니다. 감정 경쟁을 포함한 점수 경쟁, 취업 경쟁, 승진 경쟁 등등. 원하지 않아도 여러 다툼을 마주하게 되겠죠. 그 모든 다툼에 참여한다면 자연스레 이기고 지는 일에만 초점을 맞추게 되고 말 것입니다.

엄마로서 저는 아이들이 그 자리에서 한 발 물러나 자신의 길을 묵묵히 가는 어른으로 자라나길 바랍니다. 누군가를 이기려고 주먹을 쥐는 게 아니라, 일으켜주기 위해 펼친 손을 내미는 따뜻한 어른으로 성장하길 진심으로 바랍니다.

너도 나도 잘 사는 세상, 너와 내가 서로 양보하고 배려하는 세상, 비록 현실이 그렇지 않다 하더라도, 모두의 은밀한 본성이 가로막는다고 하더라도, 나 혼자가 아닌, 모두가 잘 사는 데 방향성을 둔 세상. 쉽지 않지만 부모로서 아이들에게 손해 볼 수 있는 여유를 가르칠 때, 그런 세상이 오게 되리라 기대해 봅니다.

손해 보는 삶 : 나중을 위해 덕을 쌓는 것

저의 부모님께서 귀에 못이 박히도록 하셨던 말들을 소개하고 싶습니다. 이 말들을 이젠 제가 제 아이들에게 귀에 못이 박히도록 할 말들이겠죠?

1. 손해 보아라. 그러면 삶이 아름다워질 것이다.
2. 다른 사람의 눈에서 눈물 나게 하지 마라.
3. 돈은 있다가도 없고, 없다가도 있는 것이니 연연하지 마라.
4. 종을 부리려면 종의 종이 되어야 한다.
5. 멀리 가서 봉사할 생각 말고 주변부터 돌아보아라.

6. 부모로서 자식을 위해 해야 하는 가장 중요한 일은 '덕'을 쌓는 것이다.
7. 인생은 불공평한 것이다. 불공평함에 화가 난다면, 아무 것도 원치 않고, 우리를 구원하신 예수님을 생각해라. 주님의 공정하지 않은 사랑 때문에 우리가 지금 살아 있다.

사실 말은 쉽습니다. 누구나 다 할 수 있겠죠. 그런데 부모님께서는 저 모든 것을 몸소 실천하려고 노력하셨습니다. 그 어려운 것을 일상에 적용하고 평생의 삶으로 보여주신 부모님께 이 자리를 빌어 다시 한 번 감사드리고 싶습니다.

아빠, 엄마가 평생 동안 실천하신 '손해 보는 삶'의 결과가 너무나 아름답기에, 저도 제 아이들이 꼭 '손해 보는 삶'을 실천하기를 진심으로 바랍니다. 그런 마음을 담아 엄마가 경험했던 참 신기했던 일화를 소개해 보려고 합니다.

20여 년 전, 오빠가 대학생이던 시절의 이야기입니다. 시험공부로 밤을 새우고 피곤한 몸으로 운전을 하며 학교를 가던 오빠는, 급정거하는 앞 차를 부주의로 인해 들이받는 사고를 냈습니다. 내려서 보니 차종이 BMW 중에서도 가장 비싼 모델이었습니다. 오빠는 '이젠 죽었다' 생각하며 잔뜩 긴장한 채 서 있었는데, 잠시 후 머리카락이 희끗희끗한 노신사가 앞 차의 운전석에서 내리더니 뒤 범퍼가 약간 긁힌 것을 확인하고는 웃으며 오빠에게 "학생인가?" 물어 보시더니 "운전 조심해!" 하며 가볍게 어깨를 두드려주고는 그냥 가셨습니다.

저녁에 집에 돌아온 오빠는 그 날 일어났던 자동차 사고에 대해 이야기했죠. 그 이야기를 듣던 엄마는 갑자기 "너무 무섭다" 하며 의외의 반응을 보이셨어요. 그리고는 몇 달 전에 엄마가 겪은 자동차 사고에 대한 이야기를 들려주셨습니다.

그 날 엄마는 아빠를 출근시켜드리고 집으로 돌아오던 중에 신호 대기하고 있었는데, 뒤차가 엄마 차를 세게 들이받았답니다. 마치 오빠가 그랬던 것처럼 말이죠. 엄마가 차에서 내려 확인해 보니 뒤 범퍼 두 군데가 도색이 벗겨지며 긁혀 있었다고 해요. 엄마는 뒤차 주인에게 "자동차보험 있으셔요?" 물으니 나이가 좀 있어 보이는 차주 분께서 떨리는 목소리로 "보험이 없어요. 수리 비용은 현금으로 드릴게요." 하셨죠. 엄마가 뒤차를 살펴보니 오래 운행한 탓인지 여기저기 상한 곳이 많은 헌 차였습니다.

그 분께 전화번호를 받고 견적이 나오면 연락하기로 하셨는데, 예상대로 견적이 꽤 비싸게 나와 많은 고민을 하셨지만, 엄마는 기분 좋게 차주 분께 전화를 드려, "다음에 더 긁히면 함께 수리하려고요. 그리고 원래도 좀 긁힌 부분이 있었어요. 아무 걱정 마세요."하셨답니다.

아빠는 이 이야기를 들으시고 "호준아, 이게 다 네 엄마 덕이다"라고 하셨습니다. 옛말에도 조상님의 음덕이라는 말이 있지 않느냐며, 아빠는 엄마가 기꺼이 손해 봤던 일이 자식에게 덕으로 돌아왔다고 확신하셨고, 그렇기에 매순간 내가 조금 손해 본다는 생각으로 살아가야 한다고, 다시한번 힘주어 말씀하셨던 기억이 납니다.

이처럼 손해 보는 일은, 언젠가 생길지도 모를 기분좋은 일들을 저축하는 것과 같습니다.

손해 보는 삶 :
작은 것부터 시작하자

 왠지 모르게 '배려'라는 단어는 긍정적으로 받아들여지고 '손해'라는 단어는 부정적으로 받아들여집니다. 모두 같은 카테고리 안에 들어 있는 단어인데 말이죠. 배려는 능력이 있음에도 의지적으로 양보하는 느낌이 들지만, 손해는 무능력 때문에 당하는 느낌이 들어서 그런가 봅니다. 하지만 배려한다는 말을 자세히 들여다보면 손해 본다는 의미가 포함되어 있지 않나요? 손해라는 단어가 긍정적인 이미지로 포장되지 않은, 날 것 그대로이기에, 결국 두 단어가 같은 맥락 이라는 걸 인식하지 못하는 것은 아닐까요?

손해를 이야기하다보니, 살아온 삶 자체가 손해를 뜻하는 분이 떠오릅니다. 바로 '예수님' 이시죠. 예수님을 표현하는 단어로는 희생, 사랑, 용서 같은 것들이 있겠지만, 그 모든 것을 한 단어로 말한다면 '손해'입니다. 그러니 '손해 보는 삶'을 다르게 말하면 '예수님의 삶'이라고 말할 수 있겠습니다. 더 나아가 '손해 보는 삶'이 바로 '예수님을 닮아가는 삶'이라고 할 수 있겠습니다.

수많은 크리스천들이 살고 있는 지금 21세기, 입으로는 예수님을 닮아가고 싶다고 말하면서 막상 내가 손해 보는 일이 생기면, 화가 치밀어 오르고 억울하기도 하죠. 예수님을 닮고 싶다는 말은 긍정적으로 다가오지만, 손해 보았다는 말은 부정적으로 다가오기 때문입니다.

예수님을 닮고 싶다는 것은, 그 분이 사셨던 방식과, 그 분의 성품을 본받아 따라하며 살고 싶다는 뜻이겠죠. 누군가를 본받고 따라하려면 그 분이 어떻게 살았는지 알아야 가능합니다. 그래서 많은 크리스천들이 성경을 봅니다.

그리고 분명 이렇게 느낄 것입니다.
'예수님의 삶을 한 마디로 요약하면 대신 희생하는 삶이구나.'

그것을 다른 말로 표현하자면 '손해 보는 삶'이라고 말할 수 있겠죠. 그리고 그 손해가 결국은 모두를 살리고, 사랑을 실천하는 길, 이었음을 깊이 깨달을 것입니다.

참 신기합니다. 이렇게 생각하면 성경에는 역설적인 부분이 꽤나 많은 것 같습니다. 죽음을 통해 생명이 피어나고, 약한 데서 강함이 나오고…. 손해를 보아 잃은 것 같으면서도 사랑이 자라나는, 잃는 것 같지만 쌓아가는, 그런 놀라움들이 가득 담겨 있다는 생각이 듭니다. 예수님이 몸소 보여주셨듯이, 우리가 그 분을 따라 손해를 본다면, 처음에는 잃는 것 같지만 결국에는 얻는 놀라움을 경험할 수 있지 않을까요?

여기까지 고민하다 보니 손해 보는 것을 어렵게 느꼈던 또 다른 이유 중 하나가 '큰 희생을 해야만 손해 본 것이다'라는 부담감 때문인 것 같습니다. 사실 가볍게 생각해 본다면 손해 보는 것이 그렇게 어렵기만 한 일도 아닙니다.

친구와 다투었을 때, 불편하지만 먼저 사과하는 순간, 마음이 여전히 불편하지만 상대방의 사과를 받아주는 순간, 쓰레기를 보았을 때 불편하지만 허리를 굽혀 줍는 순간, 주차한 차를 다른 차가 가로막아 불편하지만, 상대방이 올 때까지 여유로운 마음으로 기다려주는 순간, 뛰어오는 이웃을 보았을 때, 불편하지만 승강기 열림 버튼을 끝까지 눌러주는 순간, 운전 중 급하게 끼어드는 차를 보고 불편하지만, 급한 일이 있을 수 있다며 헤아려주는 순간….

이런 작은 순간들이 모두 손해 보는 삶이죠. 거창한 일을 하는 것만이 손해 보는 게 아닙니다. 내가 조금 불편해지는 삶, 한 발 물러나주는 삶, 그것이 손해 보는 삶입니다. 그리고 그것이 예수님을 닮아가는 삶임을 저도 다시 한 번 되뇌어 봅니다.

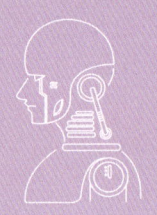

로봇이 유일하게 할 수 없는 것 : 손해 보기

 우리 아이들이 살아갈 미래에서는 로봇이 인간을 대체하는 경우가 많을 것이라고 합니다. 현재 인간이 수행하고 있는 일들 중 70% 이상이 그렇게 될 수 있다고 하죠. 안경만 쓰면 언어가 다른 두 사람이 만나도 불편함 없이 대화가 가능한 시대, 그저 한 곳에 앉아서 버튼 하나씩만 누르면 원하는 걸 얻을 수 있는 시대, 한 치의 오차도 용납하지 않을 로봇의 결과물들….

그런데 그런 시대를 살아갈 우리 아이들, 정말 괜찮

을까요?

인간이 로봇을 지배할 거라는 생각이 깔려 있기에, 우리는 로봇으로 대체된 세상이 그저 편리하고 좋을 것이라 생각합니다. 그런데 만약 그 로봇이 언젠가 인간을 지배하게 된다면…. 그것도 우리 인간들이 알아차리지 못할 만큼 서서히 아주 자연스럽게 우리를 점차 지배하게 된다면….

그래도 정말 괜찮을지 모르겠습니다.

혹시 <나의 마더>(원제 : I am mother)라는 영화를 보신 적이 있나요? 이 영화에서는 로봇이 인간아이를 식물 배양하듯 길러내는 미래 세상을 보여줍니다. 갓난아기 시절부터 마더라는 로봇이 아이를 기르며 다양한 정보들을 가르치는데, 그 모습을 보며 소름이 돋았습니다.

감정이 없는 로봇이 인간을 가르치다 보니 완벽하긴 하겠지만, 어딘가 차가워 보였어요. 마더는 인간 아이를 '딸'이라고 불렀지만 그저 입력된 호칭에 불과했죠. 진짜 엄마였다면 딸을 매년 테스트하며 어느 수치까지 도달했는지 분석할 필요가 있을까요?

마더는 검사를 앞두고 긴장한 딸에게 "사실 그 검사는 너보다는 내 능력을 테스트하는 거야"라고 말합니다. 딸 자체에 관심을 두는 게 아니라, 인간을 길러내야 한다는 '자신의 목적'으로 움직이고 있는 것이죠. 그런 존재가 '마더'라고 불려도 되는 것일지 정말 모르겠습니다. 저는 그런 상황을 상상만 해도 몸서리쳐지고 두렵기만 합니다.

하지만 제가 어렸던 시절, 불가능하게만 느껴지던 영화 속 일들이 하나도 빠짐없이 실현되고 있는 것을 보고 있노라면, 인공지능 로봇의 등장도 이제 부정할 수 없는 상황이 된 것 같아요.

이보다 더 무서운 건 아직 그런 로봇들이 상용화되지 않았음에도, 로봇 같은 인간들이 많아지고 있다는 사실입니다. 마음 없는 로봇이 생겨나는 것도 주의해야 할 상황인데, 오히려 인간이 그런 모습이 되어가고 있다니…! 로봇이 되고 있는 그들에게는 이기기 위해, 성공하기 위해, 더 높은 곳으로 가기 위해 '배려'나 '양보' 따위는 없습니다. 어떤 사람은 돈이 되는 일이라면 '살인'도 마다하지 않죠. 마치 상대의 아픔과 감정을 마음으로 공감할 수 없는 로봇처럼 말입니다.

완벽해 보이는 로봇이 유일하게 할 수 없는 일이 바로, 마음으로 공감하는 일입니다. 오직 인간만이 가능한 그것은, 결국 손해 보는 것으로 연결된다고 할 수 있죠. 로봇이 인간처럼 공감할 수 있다면 손해를 볼 수도 있을 것입니다. 그러나 특정한 목적을 가지고 만들어지는 로봇이 손해 본다는 것은 말이 되지 않습니다. 자신의 목적을 내려놓고 손해를 보는 순간, 그건 더 이상 로봇이 아니기 때문입니다.

그럼 사람은 어떨까요? 우리 인간이 손해를 보면 인간으로서의 가치가 떨어지기라도 할까요? 애초에 로봇을 대하듯, 인간을 이용 가치로 나누지는 않을 겁니다. 이득을 보지 않아도, 생명은 존재하는 것만으로 그 가치가 있을 테니까요. 마치 제 아이들이 사랑스러운 이유가 무언가를 해서가 아니라, 그저 제 품에 와줬기 때문인 것처럼 말입니다. 이득을 보지 않아도 가치 있는 인간. 그렇기에 로봇은 할 수 없지만, 인간은 할 수 있는 일, 어쩌면 인간만이 할 수 있는 그 일이, 바로 손해 보는 것이라고 할 수 있을 것 같습니다.

하지만 참 아이러니컬합니다. 인간은 유일하게 로봇이 못 하는 그 일을 할 수 있는 존재인데도, 오히려 요즘 사람들은 로봇이 되고 싶어 하는 것 같습니다. 마음 없이 목적만 있는 로봇, 입력된 대로만 움직이는 로봇처럼, 유명하고 멋져 보이는 유행만을 따라가는 이들이 점점 더 많아지고 있는 걸 보면 그렇습니다.

드라마 <태양의 후예>가 방영하던 때에 사관학교 진학률이 갑자기 높아졌다는 사실을 아시나요? 월드컵이 진행될 때에는 축구에 뜨거운 관심을 높아져서 아이들을 유명한 축구선수로 만들어야겠다는 부모들이 쏟아져 나왔다고 합니다. 요즘에는 BTS가 전 세계적으로 열풍을 불러일으키는 것을 보고, 너도나도 작은 꼬마들을 오디션장으로 데려가 몇 시간이고 기다리며, 기회를 노리는 부모들이 많아졌다고도 합니다.

아이들의 성향에 맞는 진로를 찾아주기보다는 유명한 직업을 따라가게 만드는 어른들이 이렇게나 많습니다. 저 또한 여러 사람들이 우르르 가는 길만이 좋은 길이라고 믿으며 아이들을 그 많은 사람들

사이로 밀어 넣고 있지는 않은지 되돌아봅니다. 정말로 아이들을 위하기 때문인지, 저의 목적을 이루기 위해서인지 정말 깊이 생각해 봐야겠습니다. 여러분은 어떠신가요?

만약 열 명이 하고 싶은 일이, 다섯 개만 되어도 경쟁은 줄어들 것입니다. 하지만 요즘 상황을 보면 열 명이 가고자 하는 길이, 고작 한두 가지 정도밖에 되지 않는 듯 보입니다. 모두가 좁은 문으로 들어가려고 애쓴다면 다치는 아이들이 생겨나기 마련일 것입니다. 어떤 아이들은 자기 자리를 빼앗긴다는 생각에 앞서가는 친구를 넘어뜨려 짓밟기도 하겠죠.

그 짓밟히는 친구가 내 아이가 되지 않으리라는 보장은 없습니다.

모두가 가는 길에서 벗어나지 않으려고 안간힘을 쓰며, 이기길 바라는 부모,

아이의 의사와는 상관없이 다치더라도 좁은 문을

뚫고 가길 원하는 부모.

그 모습이 정말 아이를 위하는 것일까요?

물론 잘 되길 바라는 부모 마음은 저도 엄마이기에 깊이 이해하고 있습니다. 아이들이 돈을 많이 벌고 사회가 인정해주는 명예로운 직업을 갖길 바라지 않는 부모는 없겠죠. 어떤 부모가 자식이 못 살길 바랄까요? 그래서 저도 기도를 할 때, 우리 아이들이 남들과 다르게 아주 가난해도 괜찮다는 말은 솔직히 할 수 없습니다.

다만 잘 살기 위해서 한 길만을 위해 달리고 경쟁하라는 말은 하고 싶지 않습니다. 그리고 저의 목적을 위해 중심 없이 따라오기만 하라는 말도 하고 싶지 않습니다. 이런 마음을 갖고, 어떤 직업을 갖든지 잘 살 수 있게 허락해주신다면, 다른 사람들의 입장을 헤아리고, 그 감정에 공감할 줄 아는 아이로 키우겠다고 기도합니다. 가난해도 괜찮다고는 할 수 없지만, 열심히 번 돈으로 선한 영향력을 끼치고, 손해도 볼 줄 아는 그런 어른으로 키우겠노라고 기도합니다.

우리 아이들이 누구나 가고 싶어 하는 길이 아니더라도, 본인이 진심으로 원하는 일을 기쁜 마음으로 할 수 있다면, 로봇이 아닌 인간의 모습으로서 당연히 손해 보는 삶을 살 수 있다면, 그리고 주변 사람들을, 밟고 서야 할 경쟁 상대가 아니라, 더불어 살아가는 벗으로 여길 수 있다면, 그것으로 충분할 것 같습니다. 그러기 위해서는 아이들을 기르는 저부터가 차디찬 로봇의 고철 속에서 걸어 나와, 따뜻한 인간의 온도를 되찾아야 하겠죠.

> 먼 훗날
> 내 아이가 기억할 내 모습

　지금 눈을 감고 부모님을 떠올려 보세요. 누구나 본인이 기억하는 부모님의 모습이 있을 것입니다. 그 모습이 어떤가요? 부모님께서 내게 해주셨던 목소리가 기억나나요? 아니면 부모님의 어떤 행동이 기억나나요? 사람마다 다를 수는 있겠지만 저는 부모님께서 제게 보여주셨던 행동들이 기억납니다.

저희 집은 종갓집이어서 집안 행사 때마다 정말 많은 분들이 오시고 그 준비로 엄마는 늘 바쁘셨습니다. 그런 날이면 집에서 함께 일해주시는 분들을 살뜰히 챙기시던 엄마 모습이 선명히 기억납니다. 집에 사람들이 많이 모여서 식탁에 앉을 자리가 없을 때에도, 엄마는 늘 도와주시는 분들을 먼저 앉히셨고, 아무리 바빠도 그 분들에게 먼저, 따뜻한 밥과 반찬들을 챙겨주셨죠. 정작 엄마는 그 옆에 서신 채로, 찬밥에 김치로 허겁지겁 식사를 때우셨습니다. 아마도 엄마를 아는 모든 분들은 너무나 익숙한 모습일 것입니다. 그 성품 덕에 저희 집에는 누구든 한 번 오시면 기본 20년을 계시며 일해 주셨답니다.

아주 어릴 때부터 지켜본 엄마의 그런 모습들이 알게 모르게 저에게 많은 영향을 끼쳤습니다. 덕분에 주변 사람들을 어떻게 존중해야 하는지 알 수 있었죠. 그런 기억들로 어린 시절의 추억을 채워주신 엄마가 너무나 존경스럽습니다. 이런 걸 보면 아이들이 기억할 부모의 모습은, 부모의 움직임인가 봅니다. 그때를 추억하면 엄마의 행동들이 기억나듯, 저의 움직임이 앞으로 제 아이들이 기억할 제 모습이겠죠.

그래서 좋은 이야기를 많이 들려주는 노력만큼이나, 좋은 모습을 보여주는 노력이 필요한 것 같습니다. 모두가 아주 잘 알고 있어도 행동으로 옮기기는 쉽지 않은 일이지만 말입니다. 하지만 쉽지 않기에 실천하고 나면, 그 성취감과 행복감도 그만큼 크지 않을까요? 아이들의 마음 안에 있는 추억 앨범에 남는다는 생각을 하면, 조금 더 힘을 낼 수도 있고요.

무슨 일부터 실천할 수 있을지 고민하고 있던 때, 한 프로그램을 보게 되었습니다. 마침 채널을 돌린 그 시점에, 제작진이 아이들에게 인상 깊은 질문을 하고 있었죠.

"아빠 또는 엄마' 하면 떠오르는 모습이 무엇인가요?"

다양한 답변이 나올 줄 기대하고 있었지만, 그 기대는 금방 식어버리고 말았습니다. 아이들의 대답이 꽤나 충격적이었거든요.

"핸드폰 하는 모습이요!"

순간 제 모습을 돌이켜보았습니다. 저 역시 아이들 앞에서 이런저런 핑계를 대며 핸드폰을 손에서 놓지 못하고 있는 엄마였습니다. SNS에 한 번 접속하면 의도와는 다르게, 순식간에 시간이 한참 지나 있던 적이 많았죠. 이것저것 구경하고 게시물을 올리다 보면, 어느새 그렇게 훌쩍 시간이 가곤 했습니다. SNS에 집중하고 있는 제 모습이, 아이들의 마음에 어떻게 남을지 걱정됐습니다.

이제부터는 그 시간을 저희 아이들과 눈을 맞추며 대화하는 시간으로 사용해야겠습니다. 그 날 이후로 결단하는 마음을 담아 제 핸드폰에서 SNS 어플리케이션을 모두 지웠습니다. 꼭 들어가고 싶으면 컴퓨터를 켜고 들어가는 수고로움 이라도 있어야 한다는 생각이었죠.

당장은 큰 변화가 없을 수도 있습니다. 그래도 작은 것부터 하나하나 시작하다 보면, 그 노력들이 어느 순간 아이들 마음속에 와 닿으리라 생각합니다. 제 시간을 손해 보더라도 아이들의 기억 속에 따뜻하게 남을 수 있다면, 기꺼이 노력할 수 있으니까요.

'핸드폰 사용 줄이기'를 실천하면서, 또 어떤 일을 할 수 있을지 고민해 봤습니다. 그러던 중 꼭 하고 싶은 한 가지가 생각났습니다. 바로 돈이 최고가 아님을 알려주는 일입니다. 우리 사회에서는 돈, 명예, 권력, 이 세 가지 가운데 돈이 단연 최고로 인정

되고 있는 것처럼 보이지 않나요? 명예나 권력도 돈으로 살 수 있다고 생각하는 사람들이 굉장히 많아 보이는 걸 보면 그렇습니다.

그래서 그런지, 어떤 아이들의 장래 희망은 '건물주인'이라고 합니다. 무언가를 하지 않더라도 매달 들어오는 돈으로, 여행을 다니며 자유롭게 사는 삶을 꿈꾸면서요.

아이들만이 아닙니다. 실제로 적지 않은 부모들이 어떻게든 많이 벌어서, 건물 한 채 남겨주는 게, 자식을 최고로 위하는 일이라고 생각하고 있죠.

대체 언제부터 '건물주인'이 모두가 원하는 직업처럼 되어버렸을까요? 벌 수 있을 때 최대한 많이 벌어서, 수단과 방법을 가리지 않고 많이 벌어서 남겨주는 게 정말 최선일까요? 오히려 부모의 그런 모습이, 아이들에게 돈을 위해 매일을 치열한 경쟁 속에서 살아야 한다는, 그런 이미지를 심어주지는 않을지 걱정됩니다.

자식이 경제적으로 힘들어하지 않고, 행복하게 잘 살길 바라는 마음에서 출발한 치열함이겠지만, 행복은 물질에서만 오는 게 아니라는 생각이 듭니다. 많은 재산을 남기는 게 자식의 행복을 위하는 길이라면, 부자들은 항상 행복해야 하고, 가장 잘 사는 나라의 행복지수가 당연히 제일 높아야 합니다. 하지만 가장 가난한 국가로 뽑혔던 '부탄'이 아이러니컬하게도 행복지수 1위에 올랐던 걸 기억 하시나요? 경쟁하지 않아도, 돈이 적어도 행복할 수 있다는 사실을 보여주는 결과이지 않을까 싶습니다.

그렇다면 행복은, 돈이 많고 적음으로 결정되는 게 아닌가 봅니다. 그리고 지나친 경쟁을 부추기지 않을 때, 더 많은 사람들이 행복을 느낄 수 있는 것인가 봅니다. 돈을 위해 경쟁하지 않는 분위기가 만들어진다면, 서로를 비교하며 조급함을 느끼지 않아도 될 것 같지 않나요? 이기고 지는 개념, 경쟁에서 져서 손해 봤다는 불편함이, 상대적으로 덜 느껴지지 않을까요?

그런 여유로운 마음으로 살아간다면, 아이들도 부모의 모습을 본받아 돈을 위해 무작정 달리지는 않게 되겠죠. 친구가 돈을 많이 벌어서 성공했을 때, 그것을 보며 졌다는 패배감에 빠지지도 않게 될 것이고요. 굳이 경험해 보지 않아도 되는 그런 패배감을, 제 아이들이 느끼게 하고 싶지는 않습니다.

그래서 높은 건물이 있지 않아도, 주변에 돈을 잔뜩 번 친구가 있어도, 진 게 아니라고 말해주고 싶습니다. 그리고 많은 사람들이 그렇게 하고 있듯이, 그런 치열한 삶에 뛰어들고 싶은 마음이 혹시라도 든다면, 차라리 지는 감정이 들더라도 손해 보라고 말하고 싶습니다. 부모님의 삶을 보며, 돈을 위한 치열함만이 행복을 가져다주는 게 아님을 확신하기 때문이죠.

이런 확신을 가지고, 아빠가 주셨던 가르침을 아이들에게 그대로 물려주려고 합니다.

"돈은 있다가도 없고, 없다가도 있는 것이란다."
"돈이 많다고 해서 잘 사는 것은 아니야."
"돈이 많으면 편리할 수는 있지만, 행복할 것이라고 장담 할 수는 없단다."

만약 젊은시절의 아빠가 당장 눈앞의 성공과 편안함을 찾아, 부모님께서 마련해 주셨던 서울의 좋은 자리에서 병원을 차리셨다면, 이런 말들이 진실되게 느껴지지 않았을 겁니다. 하지만 실제로 그 마음을 실천하며 사신 삶을 누구보다 잘 알기에, 저도 제 아이들에게 그 말들을 전해주고 싶은 마음이 듭니다. 그리고 제 아이들의 마음 속 앨범 안에, 돈이 아니라 다른사람을 위해서 손해 보는 그런 엄마의 모습으로 남고 싶습니다.

적어도 하루에 한 번
불편해지기

새로 산 신발을 신고 나가면 불편할 때가 있습니다. 모두 한 번쯤은 그런 적이 있으시죠? 아직 신발에 길이 들지 않아 그런 것인데요, 그 불편함을 견디고 조금 더 신다 보면, 어느 순간 불편함은 사라지고 편안함만 남습니다. 신발이 내 발에 맞게 변했기 때문이죠. 손해 보는 것도 마찬가지이지 않을까요?

손해를 실천하기 위한 첫 걸음은, 불편한 그 감정을 자꾸만 마주해 보는 것입니다. 익숙해질 수 있도록 말이죠. 조금 더 구체적으로 말하면, 적어도 하루에 한 번 일상 속에서 불편해져 보는 것입니다. 신기하게도 공동체에서 누군가 불편해지면 또 다른 누군가는 편해집니다. 얼굴 모를 누군가가, 또는 내 주위 사람이 불편했기 때문에, 내가 편할 수 있는 것이죠. 반대의 경우도 마찬가지이겠고요.

좋은 예시로 제가 어릴 적에 부모님이 화해하시던 방식을 나눠 보려고 합니다. 결혼하신 분들은 모두 공감하실 것 같은데, 부부 싸움을 했을 때 먼저 화해의 손길을 내밀기가 생각보다 어렵습니다. 그런데도 아빠는 엄마에게 항상 먼저 미안하다고 하셨던 기억이 납니다. 아빠도 분명 다투다 보면 쌓인 게 있으셨을 텐데, 참 대단해 보이셨죠. 그때 왜 그러셨는지 여쭤보자 아빠는 이렇게 대답하셨습니다.

"내가 그렇게 하면 너희들도 학교 가서 마음이 편하고, 엄마도 그 하루를 기분 상하지 않게 보낼 수 있잖니, 물론 나역시 기분좋게 환자를 볼 수있고 말이다."

어릴 때에도 그 모습을 보며 대단하다는 생각이 들었지만, 커서 보니 새삼 더 대단하시다는 생각이 들었습니다. 가족 공동체를 위해 불편함을 참으셨던 아빠. 그런 성품이시니 "손해 보고 살자"라는 가훈을 만들 수 있으셨던 것이겠죠.

아빠가 보여주신 모습처럼, 내가 불편해지면 누군가, 혹은 무언가는 편해집니다. 코로나19로 온 세상 사람들이 불편해지니, 지구의 온 자연이 편해진 것처럼 말이죠. 핸드폰을 손에서 놓는 게 불편한 사람이 적어도 일주일에 이틀 정도 핸드폰을 멀리 한다면, 생활이 굉장히 불편해지겠지만, 전자파로부터 벗어난 몸은 편해질 겁니다. 핸드폰을 보느라 굽었던 거북목도 좋아질 것이고요.

평소에 설거지를 너무 싫어하는 남편이 주말에 아내를 위하는 마음으로 조금 불편해진다면, 그 모습을 바라보는 아내는 몸도 마음도 편하지 않을까요?

그런 배려를 받은 아내라면 남편을 위해 불편해지는 것을 마다하지 않을 것입니다.

사람 많은 곳을 질색하는 사람이, 일주일에 한두 번 대중교통을 이용한다면, 그 날만큼은 또 다른 누군가가 편해지겠죠. 생각해 보면 이 세상 모든 것이 그렇습니다. 그렇기에 내가 지금 편하다 느껴진다면, 이 순간 누군가는 나를 위해 불편함을 감수하고 있는 거라는 생각이 듭니다.

편함과 손해가 균형을 이루는 걸 보니 마치 '손해 총량의 법칙' 같은 게 있기라도 한가 봅니다. 이 세상에 꼭 필요한 손해의 양이 있어서, 누군가는 그 손해를 짊어져야만, 다른 누군가가 편해지는 것이죠. 우리가 살아가는 이 세상 속에 손해가 아예 없을 수 없다면, 모두가 그것을 조금씩 나눠 평균을 이루는 게 아름다운 사회를 만드는 길이라는 생각이 듭니다. 내가 손해를 나누어 짊어졌을 때, 누군가 편해졌을 미래를 기대하면서 말이죠.

손해는 결국 아름다운 사회를 열어주는 열쇠인 것 같습니다.

얼마 전에 봤던 한 영상이 떠오릅니다. 연기자 학생이 생을 마감하려는 척 다리 위에 서 있고 이때 도와주는 사람들이 있는지 확인해 보는 그런 실험 카메라 영상이었습니다. 결과가 어땠을까요? 학생을 부둥켜안고 자기 일처럼 엉엉 울면서 이야기를 들어주는 청년, 따뜻하게 아들이라 부르며 무슨 일인지 묻는 아주머니, 함께 주저앉아 등을 토닥여주는 삼촌…. 정말 많은 분들이 가던 길을 멈춰 서서 그 학생을 위로하고 달래주었습니다.

내가 가야 할 길을 잠시 멈춰 서서 나의 시간을 손해 보는 일, 무거운 감정에 함께 동참해 조금 불편해지는 일…. 많은 분들이 기꺼이 손해를 보았습니다. 만약 그 학생이 연기자가 아니라 정말 생을 마감하려던 사람이었다면 어땠을까요? 누군가의 손해로 한 사람의 생명을 살릴 수 있었겠죠. 그런 분들이 여전히 계시기 때문에 세상에 따스한 온기가 계속 만들어지나 봅니다. 이런 걸 보면, 불편함 한 스푼은 결국, 따스함 한 스푼으로 환산되는 게 아닐런지요.

불편해지는 것에는 내 시간을 손해 보는 일도 포함되지만, 내 감정에 손해를 보는 일도 포함될 것입니다. 화가 나고 억울할 때 참는 건 생각보다 더 큰 에너지가 드는 일이죠. 쏟아내지 않으면 계속해서 불편한 마음이 가득 차 있는 듯 느껴집니다. 특히 운전을 하다 보면 그런 마음이 들 때가 꽤나 많습니다. 무리하게 내 앞에 끼어든다거나, 위협적으로 경적을 빵! 하고 경적을 크게 울린다거나, 창문을 내리고는 좋지 못한 말들을 내뱉는 사람들을 마주할 때면, 인내하기가 정말 쉽지 않죠.

그럴 때마다 화도 나고 답답하기도 하고, 저 사람은 대체 왜 저러는 거냐며 감정을 쏟아내고 싶은 마음이 턱 끝까지 차오릅니다. 하지만 한 번 참아주고, 또 양보해주고, 안 좋은 일이나 급한 일이 있겠거니 생각하고…. 이렇게 생각을 전환 하다보면 어느새 제 마음의 화도 조금씩 가라앉으면서 편해지는 것을 느낍니다. 화난 마음은, 그 감정을 쏟아내면 낼수록 늘어나버리거든요. 마치 물건 하나를 넣으면 두 개가 되어 나오는 요술 항아리처럼 말이죠.

화가 나는 건 인간의 자연스러운 마음이지만, 굳이 그것을 거칠게 꺼내서 크게 만들 필요는 없겠죠. 화를 내려던 마음의 힘을, 이해와 인내로 바꾸는 게 어쩌면 손해 보는 일인지도 모르겠습니다.

어떨 때는 이런 생각을 해보기도 합니다. '커피를 살 때마다 쿠폰을 찍어주는 것처럼, 예수님께서 그 상황을 보시고 칭찬 스티커를 주시지 않을까?' 보상을 받으려고 손해 보는 건 아니지만, 나름대로 그런 귀여운 생각을 하다보면, 답답했던 마음이 편안해 지곤 합니다. 엄청난 걸 바라지는 않더라도, 정말 조그마한 거 하나는 깜짝 선물처럼 주실 수도 있으니까요.

물론 그 선물이 제게 오길 바라지는 않습니다. 우리 아이들에게 갈 바라죠. 착한 끝은 있다고 하신 엄마 말씀이, 자식을 위해 덕을 쌓는 마음으로 손해 보라고 하신 아빠 말씀이, 제 마음 속에 어느 순간부터 자라났나 봅니다. 홀로 이런 생각들을 하며 불편해지려는 걸 보면요. 이 불편함도 계속 마주하다 보면 언젠간 길이 잘 든 신발처럼 편하게 느껴지는 날이 오겠죠?

적어도 하루에 한 번 스스로 칭찬해주기
(Feat.빛.똘.넘.실.사)

 손해 볼 때마다 칭찬을 받는다면, 기꺼이 손해 보는 사람들이 늘어날 것 같지 않나요? 내가 손해 본 만큼 누가 날 알아주거나 칭찬해준다면, 그 뿌듯함에 손해 보는 맛이 날 것입니다. 물론 이건 우리의 바람일 뿐이지만요. 현실에서는 칭찬은커녕, 손해 보는 사람을 오히려 당연하게 여겨 무시하는 경우도 꽤 있죠. '손해 보는 삶'을 살기 어렵다고 느끼는 여러 이유 중 하나가, 이런 무시 때문일 것입니다. 인간관계에서 일방적으로 당연한 건 없는데 말이에요.

한편으로는 사람에게 기대하면 늘 실망하게 되는 것 같습니다. 어느 누구도 내 기대를 완벽하게 채워줄 수는 없으니까요. 그래서 기대하지 않는 게 가장 좋은 방법이라고 느끼다가도, 상대방이 은근히 한 번 정도는 고맙다고 표현해주길 바라는 게 솔직한 마음이죠.

하지만 누군가 먼저 알아주지 않는다면 내가 먼저 알아주면 되지 않을까요? 사실 따지고 보면 내가 손해 본 일을 가장 잘 아는 사람은 나 자신 일테니까요. 내가 당신의 하루를 살아보지 않았고, 당신이 나의 하루를 살아보지 않았기에, 우리는 애초에 서로가 어떤 마음으로, 어떤 일을 했는지 그 전부를 알 수 없고, 그래서 서로의 희생을, 희생으로 여기지 못하고 넘어가는 때도 많으며, 상대방은 큰맘 먹고 손해 본 일이, 나에게는 대수롭지 않은 일처럼 여겨지는 때도 있곤 하죠.하지만 누군가 먼저 알아주지 않는다면 내가 먼저 알아주면 되지 않을까요? 사실 따지고 보면 내가 손해 본 일을 가장 잘 아는 사람은 나 자신 일테니까요. 내가 당신의 하루를 살아보지 않았고, 당신이 나의 하루를 살아보지 않았기에, 우리는 애초에 서로가 어떤 마음으로, 어떤 일을 했는지 그 전부를 알 수 없고, 그래서 서로의 희생을, 희생으로 여기지 못하고 넘어가는 때도 많으며, 상대방은 큰맘 먹고 손해 본 일이, 나에게는 대수롭지 않은 일처럼 여겨지는 때도 있곤 하죠.

그러나 나만큼은 내가 어떤 마음으로, 어떤 손해를 보았는지 그 누구보다 잘 알고 있지 않나요? 정말로 상대방을 위하는 마음으로 나의 무언가를 손해 보았다는 사실을 내가 알고 있는 한, 가치 있는 일이라고 생각합니다. 다른 누군가 인정해주지 않는다고 해서 사라지는 것은 결코 아니니까요. 그러니 손해를 본 우리 모두는, 스스로를 기특하게 여기고 칭찬해줄 수 있는 자격이 충분할 것입니다. 손해 보는 과정 속에 담긴 노력과 마음을 모두 알고 있는 제가 저 자신에게 이 말을 건네 보려고 합니다.

"잘 했어 수정아, 다른 사람이 몰라줘도 나는 알아, 너 정말 잘했어."

2014년 3살, 6살 두아이들과 갑자기 뉴욕으로 이사 오게된 저는 너무나 고민이 많았습니다. 저희가 살았던 곳이 유난히 백인들이 많은 동네였어서 아이들 학교에도 동양인이 거의 없었습니다. 저는 아직은 어린 제 아이들이 갑자기 문화가 너무나 다른 이곳에 와서 행여나 친구들로부터 상처를 받는 일이 생기진 않을까 아침마다 아이들을 학교에 보내고 나면 마음이 놓이지 않았습니다. 아이들이 스쿨버스를 타고 학교로 떠난 순간부터 돌아오는 시간까지 꼬박앉아 기도를 해보기도 했고, 학교에 갑자기 찾아가 멀리에서 슬쩍 보고 온적도 있었습니다. 그러다 딸아이가 같은학교 친구로부터 상처되는 이야기를 들었고 아직은 초등학교 1학년 밖에 되지않은 어린아이 였기에 그 상처가 꽤나 오래 갈 것 같은 생각에 엄마로서 너무나 마음이 아팠습니다.

그리고 그날 밤 저는 아이들을 불러 이렇게 이야기 해주었습니다.

너희는 남들이 뭐라고 해도 너무나 사랑스럽고 아름답고 소중하고 존귀한 주님의 아들,딸이라고...그 누구도 너희들을 자기들 마음대로 판단할 수 없고 혹시나 누군가 그렇게 자기 멋대로 너희들을 판단해서 좋지않은 이야기를 한다해도 변하는건 아무것도 없다고...그러니 크게 마음쓰지 말라고...

그리고는 제가 구호를하나 만들었습니다. 이름하야 빛.똘.넘.실.사.!!!

그날 이후 매일 아침 스쿨버스 타러가기전 저는 아이들에게 '자~빛똘넘실사~하자~~'라고 말하면 아이들은 아주 큰소리로(정말크게) 외쳤습니다.

나는 빛나는 사람이다!
나는 똘똘하다!
나는 넘어져도 다시 일어날거다!
나는 실패를 두려워 하지 않는다!
나는 사랑스러운 사람이다!
그리고 나는 하느님의 자녀다,그래서 나는 뭐~~든지 할.수.있.다.!!!

처음엔 이 구호를 외치는게 쑥스럽기도 하고 우습기도해서 낄낄 거렸던 아이들은 7년간 매일 아침 (어떤날엔 하루에도 몇 번씩) 이 구호를 외쳤고,한국으로 돌아온 지금 아직 초등학생인 아들은 물론이고 이젠 중학생이 된 딸아이도 여전히 이 구호를 외치는걸 좋아합니다.

저는 제 아이들이 남이 칭찬해 주지않아도 스스로

가 얼마나 사랑스럽고 존귀한 존재인지 알기를 바랐습니다. 오랜시간이 지나 되돌아보니 참 잘 했던 일 같다는 생각이 듭니다. 매일아침 본인 스스로가 얼마나 소중한 존재인에 대해 큰소리로 외쳤던 아이들,남이 알아주지 않아도,누군가 칭찬해 주지 않아도,스스로의 자존감을 지켜내길 바라는 엄마의 마음에서 시작했던 그 일이 조금이나마 아이들에게 도움이 되었기를 마음속 으로 조용히 바라봅니다.

여전히 누군가 칭찬해주길 바라는 마음이 드시나요? 저 역시 그랬고 지금도 어느 정도는 그러기를 바랍니다. 하지만 내가 나를 알아주지 않으면, 아쉽게도 한 해 한 해 나이 들수록, 칭찬보다는 불평을 들을 일이 더 많습니다. 마찬가지로 나도 상대방의 희생을 잊고 불평하는 일이 더 많아지기도 합니다. 대체 왜 그렇게 되는 걸까요?

우리는 열 번 잘못한 사람이 한 번 잘하면 '이 사람 좋은 사람이었구나!'라고 생각하고, 열 번 잘한 사람이 한 번 잘못하면 '이 사람 왜 이러는 거지?'라고 생각해버리죠. 우리가 고마움보다는 잘못이나 불만 사항에 더 집중하기 때문일 것입니다. 상대방이 나를 위해 불편해졌던 수많은 날들에 집중하지 않고, 내가 상대방으로 인해 불편해진 순간에만 집중하다 보면 그럴 수밖에요.

 하지만 지금 내가 편하다는 건, 누군가 나를 위해 불편함을 인내하고 있다는 것임을 잊지 않아야겠다고 다시한번 다짐해 봅니다.

그리고 스스로를 칭찬해주려고 노력하면서도, 한편으로는 저를 위해주는 사람에게 불평을 더 많이 하진 않았는지 반성도해 봅니다.

제가 손해 보는 것에 익숙해지도록 스스로를 칭찬

하는 연습을 하되, 남이 손해 보는 것에는 익숙해지지 않도록, 고마웠던 날들을 더 먼저 떠올려 봐야겠습니다. 이것이 손해 보는 삶을 지속할 수 있는 두 번째 걸음이 되리라 믿으면서요.

당장 가능한 것부터 실천하기

 손해 보는 일, 당장 실천하지 않으면 자꾸만 미루게 되기 마련입니다. 미룰수록 부담스러워지는 숙제처럼 더욱 손해 보기 어렵게 느껴지겠죠. 그런 마음으로 떠올려 본 것이 앞에서 이야기했던 '적어도 하루에 한 번 불편해지기'와 '적어도 하루에 한 번 스스로 칭찬해주기'였습니다. 생각해 보면 이 방법들 외에도 당장 가능한 일들이 꽤 많을 것 같은데요. 그래서 세 가지 정도를 더 떠올려 보려고 한답니다.

첫 번째로 손해 본다는 생각을 버리고, 주변 사람들을 '진심으로 축하해주기', 이건 어떨까요? 친구가 슬플 때 위로를 건네는 것보다, 기쁠 때 진심으로 함께 기뻐해주는 일이 더 어렵다는 말이 있죠.

모든 것은 경쟁이고, 그래서 내 옆 사람이 잘 되면 그건 내가 지는 일이고… 이렇게만 생각하니 진심을 담은 축하가 어려운 게 아닐까요? 누가 잘 되면 내가 손해 본 느낌이 들어버리니까요. 인정하는 게 익숙하지 않고, 싫더라도 다른 사람의 성공을 진심으로 축하해줄 수 있는 것, 그것도 손해 보는 삶입니다. 그리고 당장 실천할 수 있는 쉬운 일 중 하나일 것입니다.

진심어린 축하의 말을 표현해 보기로 했다면, 이젠 고마움을 표현하는 일에도 도전 해 볼 용기가 생겼을 텐데요. 손해 보며 사는 삶도 중요하지만, 나를 위해 손해 봤던 사람들에게 고마움을 직접적으로 표현하는 일도 참 중요하다고 생각 합니다. 그래서 두 번째로는 '손해 봐준 분들에게 고마움 표현하기'에 대해 이야기해 보고 싶습니다. 여러분은 이 부분을 읽으며 누가 떠오르시나요? 당장 떠오르지 않더라도 차분히 생각해 봅시다. 분명 누군가 떠오를 것입니다.

그 사람이 바로 내가 고마움을 표현해야 할 분들이죠.

저는 이 책의 주인공과도 같은 저희 아빠가 떠오릅니다.

아빠가 우리 가족을 위해 평생 동안 실천해 오신 손해가, 너무도 익숙하고 자연스러워서 감사 하다는 표현을 자주 하지 못했다는 생각이 듭니다. 그래서 이제부터라도 아빠에게 감사 하다는 표현을 자주 해드리고 싶은데, 익숙하지 않던 말을 하려니 조금

낯간지럽고 부끄럽기도 합니다.

아마도 다른 분들 역시 그런 마음이 들겠죠?

그렇지만 꼭 제대로 표현해 보고 싶습니다. 아빠가 평생 동안 봐오신 손해에 비하면, 제가 이 말을 하면서 느낄 낯간지러움은 아주 짧은 찰나의 순간일 테니까요.

"아빠, 나 알고 있어요. 아빠가 우리가족을 위해 평생 희생한 거 나 알고 있어요. 너무 고마워요. 아빠의 희생 덕분에 지금의 내가 있어요. 그 시간들 결코 허투루 쓰이지 않았어요. 아빠가 내 마음에 쌓아준 그 사랑과 정성을 이제 우리 아이들에게도 전해줄게요. 진심으로 감사합니다 그리고 사랑합니다."

여러분도 떠오른 사람들에게 고마움을 표현해 보시면 어떨까요? 마음으로는 고맙지만 멋쩍은 느낌에, 시간이 흐르길 기다리기만 한다면, 그 예쁜 마음은 전달되지 않겠죠. 예쁘고 아름다운 마음들은 꺼내서 보여줄 때 더 빛나는 선물이 될 것입니다.

이제는 나를 위해 손해 본 사람들에게, 그 빛나는 선물을 건넬 시간입니다.

진심으로 축하해주고, 손해에 대한 고마움을 표현하고…. 그 외에 당장 실천할 수 있는 일이 또 뭐가 있을까요? '주변 사람들에게 내가 줄 수 있는 것 나눠주기', 저는 이게 좋을 것 같습니다. 나눔이란 손해의 또 다른 이름이기도 하니까요. 큰 것이 아니어도 괜찮습니다. 나에게 주어진 것들 중 당장 나눌 수 있는 게 분명 하나쯤은 있을 것입니다.

'나눔' 하면 떠오르는 사건이 있습니다. 제 아이들이 지금보다 훨씬 더 어릴 때 한국에서 있었던 일입니다. 당시 체리는 특정 계절에만 먹을 수 있었습니다. 마트에서는 거의 찾아보기도 어려웠고, 백화점에서나 볼 수 있었죠.

그마저도 아주 작은 한 팩에 3만원이었던 기억이 납니다.

체리를 좋아하는 남편에게 주려고 한 팩을 사서 냉장고에 넣어놨던 날이었습니다. 양이 적어서 저도 입에 대지 않고 넣어두기만 했죠. 그런데 외출 후 돌아와 보니 체리가 반이나 사라져 버렸습니다. 아이들이 어려서 직접 꺼내 먹었을 리는 없었고, 혹시 몰라 일을 도와주시는 아주머니께 여쭤봤습니다. 그랬더니 환하게 웃으시며 "그거 참 맛있더라고요"라고 대답하셨죠.

평소에 그 분께 냉장고에 있는 음식이나 과일을 언제든지 마음대로 드셔도 된다고 말씀드렸던 것이 떠올랐습니다. 애써 "잘하셨어요"라고 대답했지만 속이 쓰렸습니다. 남편에게 줄 체리라고 말하지 않고 외출한 저의 잘못인데도, 부끄럽지만 참 화가 많이 났습니다.

저는 속상한 일이 있으면, 주로 엄마와 대화를 하곤 합니다. 체리 사건(?)이 있었던 그때 역시 엄마께 연락을 드려 '나도 못 먹는 체리를 아주머니가 드셔서 솔직히 화가 났다'고 말씀드리자 엄마는 제게 이렇게 말씀 하셨습니다.

너 지금 한 아이당 1만5천원씩 아프리카 아이들 여섯 명을 매달 돕고 있지 않니? 저에게 질문하셨죠. 엄마가 그 뒤에 어떤 말을 하실지 몰라서 가만히 듣고만 있었습니다. 그런데 핸드폰 너머로 들려오는 엄마의 그 다음 말이 제 머리를 쿵! 하고 울렸습니다.

"그걸 왜 하는 거니? 차라리 그걸 줄이고, 아주머니께 3만원어치 체리를 사드려. 아프리카 아이들 돕는다고 하면 밖에 나가서 후원하는 티가 나는데, 아주머니한테 호의를 베푸는 건 티가 안 나서 그런 건 아닌지 한 번 생각해보렴. 그건 말이 안 되는 거야. 멀리 있는 아이들을 돕는 마음도 좋지만, 지금 네 가까이에 있는 사람에게 먼저 베풀어야지."

엄마가 해주신 말을 천천히 곱씹어 봤더니, 제가 했던 기부는 선행이 아니었다는 생각이 들었습니다. 예수님께서도 오른손이 한 일을 왼손이 모르게 하라고 하셨는데…. 주는 일에 숨어 따라오는 허영과 자만심을 경계하라던, 어느 시인의 시구도 제 머릿속에 스쳐갔습니다. 잊고 살았던 그 말씀이 떠올라 부끄러웠습니다.

아프리카 아이들을 후원한다고 집에 사진들을 자랑스럽게 붙여놨지만, 생각해 보면 정말 그 아이들을 위한 행동이 아니었죠. '내가 이런 착한 일을 한다'라는 허영과 자만심에 찬, 결국 저를 위한 행동이었습니다. 그러니 덕을 쌓은 일도 아니었고요. 아무것도 안 하는 것보다야 낫겠지만, 속이 비어 있던 선행이었습니다. 아니, 선행이라고 말할 수조차 없었죠.

멀리 있는 사람들에게는 봉사하는 마음으로, 일상에서 만나는 주변 사람에게는 좁은 마음으로 대하는 게 과연 선한 일일까요? 다른 사람들의 눈에 보이는 선행만이 중요한 게 아님을 그제야 깨달았습니다. 엄마 말씀처럼 눈을 돌려 보니 바로 주변에 제가 나눌 수 있는 사람들이 많았죠. 사실 그렇게 어려운 일도 아니었습니다. 당장 실천할 수 있는 일이었고요. 내게 주어진 것을 주변에 나누는 일, 손해 보는 것 같지만, 그게 선행인 것 같습니다.

생각해보면 위의 세 가지 모두 어려운 일은 아닙니

다. 조금만 더 신경 써서 용기를 낸다면 충분히 해낼 수 있는 일들이죠. 저는 당장 오늘부터 하나씩 실천해서 손해의 습관을 제 몸에 익혀보려고 합니다. 매순간 다짐하고 연습하다 보면 굳이 당장 가능한 일들을 고민하지 않아도 순간마다 떠올릴 수 있게 되겠죠? 그런 모습을 우리 아이들이 기억해준다면 참 기쁠 것 같습니다.

손해 보는 건
손해 보는 게 아니다

　사람은 누구나 눈앞에 보이는 것에 집중하기는 쉽습니다. 반대로 당장 눈앞에 보이지 않는 것에는 집중하기 어렵죠. 그런 이유로 눈에 보이는 것이 작은 부분이더라도 그것에 매달리는 경우가 많죠. 그런데 여러분들도 살면서 느끼시겠지만, 당장 내 눈앞에 놓인 것이 다가 아닐 때가 정말 많습니다. 저도 이제야 그 사실을 어렴풋이 깨달아가고 있습니다.

2014년 갑자기 남편을 따라 뉴욕으로 가게 되었고,

저의 모든 커리어를 그만두어야 했을 때, 모든 걸 잃어버리는 기분이 들었습니다. 게다가 동양인이 많지 않던 동네라서 처음엔 얼마나 긴장했는지…. 하지만 감사하게도 그곳에서 너무나 좋은 이웃들을 만날 수 있었고, 어느새 그곳이 제2의 고향이라고 느껴졌을 만큼 좋았습니다. 좋은 친구들에 둘러싸여 살았기에 늘 행복했지만, 그래도 오랜 시간을 살아온 고국에 대한 그리움은 어쩔 수 없었나 봅니다. 한국에 있는 가족들과 친구들이 너무 보고 싶었습니다.

그러다 2019년 그런 그리움이 짙어지던 무렵, 한국에서 좋은 소식이 들려왔습니다. 남편을 스카웃하고 싶어 하는 어느 기업체로부터의 러브 콜이었죠. 저는 그때 정말 '한국이 그립다는 내 기도를 드디어 주님께서 들어주시는구나!'라는 생각에 들떠 있었습니다. 아직 남편이 그 회사 쪽에 답변을 하지는 않았지만, 저는 거의 한국에 가기 전날처럼 기뻤습니다.

그런데 결과적으로는 가지 않는 것으로 결정되었죠. 그때는 분명 너무나 좋은 회사의 제의였기 때문에, 좋은 기회를 놓쳤다는 생각도 들고, 한국에 갈 수 없다는 사실에 마음이 무너지는 것 같았습니다. 가족과 헤어질 수 없어서 한국에서 하던 모든 일들을 내려놓고 비행기에 올랐던 것인데… 돌아가고 싶어도 참아야 하는구나… 이런 생각들이 물밀듯이 밀려왔죠. 당장 귀국할 수 있었는데 기회를 놓쳐, 미국에 한동안 더 살아야 하니, 마치 손해 보게 생겼다는 느낌마저 들었답니다.

그로부터 2년이라는 시간이 흘러 한국에 다시 돌아온 지금, 참 신기하게도 그때 한국으로 돌아오지 않기를 잘했다는 생각이 듭니다. 돌이켜보면 당시에는 너무도 낙담되던 일들이, 막상 지나고 보니 정말 소중했던 시간이었음을 깨달을 수 있었으니까요.

감사하게도 한국행 비행기를 타지 못했던 그 날부터, 제 아이들은 미국에서 잊지 못할 많은 경험들을 했습니다. 아마 그때 돌아왔다면 인생에서 소중하게 여겼을 그런 일들을 겪을 수 없었죠. 이런 생각을 하면 인내하길 참 잘했다는 마음이 듭니다.

책 읽는 것을 참 좋아하고 글 쓰는 것도 좋아하는 딸아이는 자신의 책을 직접 만들고 아마존에서 꽤 많이 팔려 미국의 여러 출판사로부터 연락이오는 알찬 경험을 했습니다. 한국으로 돌아왔다면 새 학교에 적응하기 바빠 그런 경험을 해볼 수는 없었겠죠. 그리고 빙판 위에서 여러 명이 함께 스케이트를 타며 군무를 추는 싱크로나이즈 스케이팅(Synchronized skating)팀 "Skylerners" 팀원으로서 미 동부 전체 챔피언을 두 번이나 거머쥐는 값진 경험도 했습니다.

아들아이도 누나 못지않게 그 시간 동안 멋진 경험을 할 수 있었습니다. 소속되어 있던 아이스하키 팀 MFJR (Mid Fairfield Jr. Rangers)이 미국 전체 50개 주에서 1등을 했죠. 동양인으로서 유일하게 그 팀에 들어간 것도 기적이었는데, 결승전에서 골을 넣는 바람에 경기장이 아주 뜨거웠던 기억이 납니다. 저도 너무 기뻐서 경기가 끝나고 집으로 돌아오는 길에는 7시간을 쉬지않고 내리 운전을 했죠. 갈 때는 휴게소에 무려 네 번이나 들렀지만요. 아이들이 주는 기쁨이, 때로는 엄마를 초인으로 만들기도 하나 봅니다.

열심히 노력해서 좋은 결과를 얻어 봤던 어린 시절의 추억은 우리아이들이 어른이 되어도 오래도록 마음 깊이 남아 있을 것입니다. 그래서 그때 한국에 돌아오지 않은 게 진심으로 다행이라는 생각이 듭니다. 이런 경험들 덕분에 저 역시 눈앞에 보이지 않는 것을 생각해 보고, 손해 볼 수 있는 힘이 생겨나기도 했으니까요. 제게도 정말 의미 있는 경험이었습니다.

이 모든 시간들이 지나간 뒤 조용히 홀로 기도를 드렸습니다.

"감사합니다, 주님!"

그런데 갑자기 이런 마음이 슬그머니 들었죠. 꼭 주님이 제게 하시는 말씀 같았습니다.

"수정아, 2019년에 한국 안보내줬다고 아직도 나 원망하니?"

그 물음에 이제는 이렇게 말할 수 있게 되었습니다.

"아니요, 주님. 이제는 정말 주님께 모든 걸 맡길 수 있어요!"

손해로 기쁨의 열매를 맺었으니 그 경험으로 충분했습니다.

역시 엄마 말씀처럼 손해 보는 게 손해가 아닌가 봅니다. 한순간으로 본다면 손해로밖에 보이지 않지만, 시간이 흘러 돌아본다면 그때는 손해가 아닐 수 있는 것이죠. 그러고 보면 사람 일은 알 수 없다는 말이 정말 맞는 것 같습니다. 우리가 뿌린 손해의 씨앗이 어떤 열매로 돌아올지, 그때가 되기 전까지는 모를 수밖에요.

그러니 앞으로의 삶에서는 당장 손해 본 것을 아쉬워하기보다는 그 열매가 맺힐 때까지 기다려 보려고 합니다. 일단 손해라는 씨앗을 땅에 뿌리려고 해요. 그러면 주님께서 그 열매가 맺히도록 이끌어주시지 않을까요? 씨앗을 뿌리지 않으면 아예 열매를 맺을 수조차 없을 테니까요. 그렇게 맺힌 열매를 제가 맛볼 수는 없더라도 제 아이들이나 또 다른 누군가가 맛볼 수 있다면 참 기쁠 것 같습니다.

손해 보는 씨앗을 심는 농부가 되고 싶다

아이들이 미국에서 좋은 일을 많이 겪은 건 분명 맞지만, 늘 그랬던 것만은 아니었습니다. 사람 사는 게 그렇듯 어떤 때는 좋지 않은 일도 있었죠. 그 날은 학교에서 아들아이가 억울한 일을 당하고 돌아와 참 속상했습니다. "누가 밀면 너는 더 세게 밀어!"라고 흥분해서 말했던 바로 그 날이었죠.

한참 씩씩대며 말하다가 아이와 눈이 마주치는 바람에 순간 웃어버렸지만, 그 날 밤 마음이 무겁고 불편했던 기억이 납니다. 그리고 아빠의 가르침이 떠올라서 손해 보는 삶이 무엇일지 고민하기 시작한 기억도 납니다.

'억울한 일을 참으라고 말하는 것조차 이렇게 어려운데, 아빠는 왜 자식에게 손해 보라고 가르쳤던 걸까?'

'손해 본다는 건 영어로 뭘까? 그게 결국 어떤 의미인 거지?'

그렇게 뒤척이며, 여러 생각들로 머리가 복잡하던 때, 핸드폰을 들고 "손해"에 대해 검색해 보기 시작했습니다.

그런데 "손해"를 검색하자, 핸드폰의 작은 화면 속에서는 '손해 안 보는 법'에 관한 컨텐츠들만 넘쳐 났습니다. 손해를 보면 뭔가를 크게 잃는 것처럼,

그리고 지는 것처럼 손해 보면 안 된다는 내용들만 가득했습니다. 반면에 손해 보는 법에 대해서는, 그 누구도 컨텐츠를 만들어놓지 않았죠. 그래서 생각했습니다. '손해 보는 방법을 이야기해 보고 싶다', '부모님께서 늘 말씀하시고 삶으로 보여주셨던 그 손해가 무엇인지 더 알아 보고 싶다'.

그런 마음으로 이 책을 쓰게 되었습니다. 여기까지 제 글을 읽어주신 분들 중 단 한 분이라도 손해에 대한 이미지를 바꿀 수 있길 바라는 마음으로요. 물론 글을 쓰며 저도 다시 한 번 되새기려는 마음도 컸습니다. 손해와 배려, 양보, 선행이 결국 같은 말이라는 걸 알리고 싶기도 했고요. 알게 모르게 경쟁심을 키우고, 손해를 덜 봐야 성공할 수 있다는 인식을 심어주는 수많은 컨텐츠들, 그 속에서 나만이라도 '손해 보고 살자'라고 마음을 다져보고 싶었습니다.

아직 갈 길이 먼 제가 말하는 것보다, 이미 손해를 실천한 아주 유명한 분이 말씀하시는 것이 더 효과적이겠죠? 어느 날 기사를 보다가 놀라운 소식을 읽었습니다. 홍콩의 세계적인 영화배우 주윤발 씨가 8,100억원이라는 전 재산을 사회에 환원한 채 지하철을 타고 다닌다는 내용이었죠. 실제로 내 손 안에 그만한 돈이 있다면 그것을 기꺼이 사회에 환원할 수 있는 사람이 몇이나 될까요? 저조차도 쉽사리 그렇게 하진 못할 거예요.

놀라운 마음으로 기사를 더 읽어 내려가다, 그 분이 하신 인터뷰의 내용을 볼 수 있었습니다. 어차피 죽을 때 가져갈 수 없는 돈이기도 하고, 그렇기에 필요한 누군가가 써야 할 돈이라는 것이었습니다. 그 돈을 벌 수 있게 해주신 국민들에게 다시 돌려드리는 것뿐이라고 강조하면서요. 많은 사람들이 행복의 조건으로 돈을 최우선으로 꼽고 있는 오늘날에 그 큰돈을 포기한 사람…

그 분은 대체 무엇을 행복이라고 여겼기에 그럴 수 있던 걸까요?

기자도 궁금했는지 질문을 던졌습니다.

"당신이 생각하는 행복의 조건은 뭡니까?"

답변은 간단했습니다.

"소박한 삶이요. 하루 세 끼 밥 먹고 잠을 이룰 자리가 있으면 그거보다 더 행복한 것은 없습니다."

그 답변이 참 와닿았습니다. 화려하게도 또 큰돈을 거머쥐고도 살아본 인생 선배가 하는 이야기라 그랬던 것 같습니다. 특히 손해 보는 것에 대해 고민하고 있던 제게는, 그 분의 삶이 이런 말을 건네는 것처럼 느껴졌습니다.

"우리가 가지고 있는 것은 누군가의 도움이 쌓여 만들어진 결과물입니다. 그 결과물을 전부 내 소유라고만 여기지 말고, 우리도 적당히 손해를 보아, 누군가에게 도움을 줄 수 있다면, 이것이 평범한 일상에서 찾을 수 있는 진정한 행복이 아닐까요?"

누군가의 도움 없이는 지금의 내가 될 수 없었을 겁니다. 주윤발 씨가 국민들의 사랑이 없었다면 그렇게 많은 돈을 벌 수 없었던 것처럼 말이죠. 손해를 본다는 말에는, 내가 받은 도움을 나눠준다는 의미가 담겨 있는 것 같습니다.

엄청난 돈을 사회에 기부해야만 주윤발 씨처럼 사는 건 아닙니다. 그저 내가 지금 서 있는 자리를 지키기 위해 잔뜩 주고 있던 힘을 풀고, 내가 받은 도움을 나누면 되는 것이죠. 내 시간을 나눠 주변 사람의 부탁을 들어주거나, 고민을 들어주는 것도 그중 하나겠죠? 내가 좀 부끄러워도 마음을 나눠 고

마음을 표현하는 것도요. 어쩌면 그런 나눔 안에서 전에는 보지 못했던 행복을 찾을 수 있을지도 모릅니다.

이제 슬슬 글을 마무리하려고 합니다. 그 전에 잠시, 처음으로 다시 돌아가보고 싶은데요. 저는 아빠의 삶을 시작으로 엄마 이야기를 비롯해 다양한 일화들을 함께 살펴보며 손해에 대해 생각해 보기도 했고, 그 과정을 통해 제 아이들에게 어떻게 '손해 보는 삶'에 대해 전해줄 수 있을지 고민해 보기도 했습니다.

지금까지의 내용만으로도, 제 아이들이 손해 보는 삶의 의미에 대해 충분히 이해했기를 바랍니다. 이제는 제 삶으로 보여주는 일만 남았겠죠?

아이들이 그렇게 사는 제 모습을 가까이서 본다면, 아빠 엄마를 보는 제가 그랬듯이 언젠간 손해 보는 것의 중요성을 더 명확하게 깨닫게 되리라 믿습니다.

하지만 저 자신과 이 글을 읽는 분들께 당부드리고 싶은 말 두 가지가 있습니다.

먼저, 나 자신을 잃어가면서까지 손해를 보지는 않았으면 좋겠습니다. 나를 잃어 내가 없어져버린다면 손해를 볼 사람도 사라져버리죠. 내가 없는데 어떻게 손해를 볼 수 있을까요? 내가 건강하게 존재하고 있어야, 누군가를 위할 수도 있습니다. 그래서 아이들이 기꺼이 손해를 보지만, 나를 잃지 않도록 그 사이에서 균형을 잘 잡길 바랍니다. 하고 싶은 일을 자유롭게 하면서도 순간순간 다른 사람을 위할 줄 아는, 그런 어른이 되었으면 좋겠습니다.

또 하나는 손해 보기에 익숙해지되 그 누구의 손해도 당연하게 여기지 말자는 것입니다. 제가 손해 보며 살겠다고 마음먹었을 때 누군가는 저를 보며 '좋은 부모 만나서 부족함 없이 자랐으니 손해 좀 봐도 되지 않나?'라고 생각했을지도 모릅니다. 사실 아예 틀린 말도 아니죠. 감사하게도 부모님 덕분에 부족함 없이 자랄 수 있었으니까요. 저도 다른 사람들을 보며 무심코 그런 생각을 할 수도 있을 테니까요.

하지만 남들이 볼 때 부족함 없는 사람도 사실 그 속을 들여다보면 그렇지 않은 부분이 있기 마련입니다. 어떤 인간에게도 행복만 있지는 않죠. 그렇다고 온통 고통만 가지고 있는 사람도 없을 것입니다. 살아 숨 쉬는 인간이라면 누구에게나 행복과 고통이 섞여 있습니다. 그저 보이느냐 안 보이느냐의 차이일 뿐 삶이란 누구에게나 녹록치 않죠.

그렇기 때문에 누군가가 제 아이들의 손해를 당연히 여기지 않았으면 좋겠습니다. 제가 직접 다른 사람의 마음에 손을 댈 수는 없기에, 제 아이들에게 당부하고 싶습니다. 손해 보는 것에 익숙해지되 당연하게 여기지는 말라고요.

손해 보는 건 스스로가 기꺼이 마음먹어서 하는 일일 뿐이지 특정한 사람들만 너무도 당연하게 해야 하는 일은 아닌 것 같습니다.

오히려 누구나 할 수 있는 일이고, 누구나 해야 하는 일이지 않을까요?

모두가 익숙해지면 좋겠지만 제 아이들만큼은 나의 손해도, 당신의 손해도 당연하게 여기지 않길 바랍니다.

균형 잡힌 손해 보는 삶. 참 어렵게 느껴지면서도 일상에서 생각보다 쉽게 실행할 수도 있다는 생각이 듭니다.
아빠와 엄마가 오래 전부터 저에게 심어주신 그 손

해의 씨앗이 이제야 싹을 틔우나 봅니다. 아이들에게 그 가르침을 전해주며 저 또한 부모님의 가르침대로 살아 보겠습니다. 저도 모르게 어느 순간 심겨진 그 씨앗이 자라고 있는 것처럼, 제 아이들의 마음에서도 그렇게 어느 순간 싹을 틔우길 바라면서요.

손해 보지 않기 위한 방법들이 넘쳐나는 세상이지만 그래도 노력하며 나아가렵니다. 끝으로 제가 평소 존경하는 마더 테레사의 말씀을 옮기며 제 이야기를 마치겠습니다.

나눔, 배려.... 이러한 것들이 공동체 생활을 받쳐줍니다. 서로를 위해 작은 일을 하면 큰 사랑이 태어납니다. 미소 한 번, 물 한 양동이 들어주기, 식탁에서 베푸는 작은 배려. 이렇게 작은 일들...작은 일들...

사람들은 물질적인 어려움에 마음을 온통 빼앗기고 있는 것 같습니다. 선진국 사람들은 많이 가졌을 텐데도, 심지어 잘 차려 입었는데도 정말로, 정말로 가난하더군요. 아무것도 소유하지 않으면 모든 것을 줄 수 있습니다. 빈곤의 자유를 통해서 말이죠.

한 사람이 생을 마감할 때 그가 얼마나 많은 학위를 땄는가, 얼마나 많은 돈을 벌었는가, 얼마나 많이 훌륭한 일을 했는가에 따라 그의 인생을 판단할 수는 없습니다. 우리를 판단할 것은 누군가 배고플 때 먹을 것을 주었는가, 누군가 헐벗고 있을 때 입을 옷을 주었는가, 집이 없는 누군가를 맞아들여주었는가 하는 것들입니다.

참고 도서

고려대학교 운화회 총동문회 펴냄,『운화』. 2017

김창현 지음,『손해의 낭만 : 그리스도인의 미니멀 라이프』, 2017
도서출판 예수전도단

마더 테레사 지음, 이창희 옮김,『사랑하라, 온 세상을 다 가진 것처럼』2008
마음터

알베르트 슈바이처 지음, 천병희 옮김,『나의 생애와 사상』, 1999
문예출판사

이해인 지음,『다른 옷은 입을 수가 없네』, 2003
도서출판 열림원

홍자성 지음, 김성중 옮김,『채근담』, 2016
㈜홍익출판사

우리집 가훈은

손해 보고 살자 입니다.

© 2021. 이수정 All rights reserved.

초판 1쇄 발행 2021. 12. 22

펴낸이 이수정
펴낸 곳 MC
표지디자인 송영훈
내지디자인 노마드로그
일러스트 이재인
출판등록 2021년 12월 22일
전자우편 gemmasj.lee@gmail.com

ISBN 979-11-976998-3-2
이 책의 판권은 지은이에게 있습니다.
이 책 내용의 전부 또는 일부를 재사용하려면 동의를 받아야 합니다.